elevar las ciencias

SAVVAS
LEARNING COMPANY

Autores

¡Eres un autor!

Este libro es para ti. Puedes escribir y dibujar en él. También puedes anotar tus datos y hallazgos. ¡Eres un autor de este libro!

Escribe tu nombre, escuela, ciudad y estado a continuación.

Mi foto

Nombre _____

Escuela _____

Ciudad, Estado _____

Copyright © 2019 by Savvas Learning Company LLC. All Rights Reserved. Printed in the United States of America.

This publication is protected by copyright, and permission should be obtained from the publisher prior to any prohibited reproduction, storage in a retrieval system, or transmission in any form or by any means, electronic, mechanical, photocopying, recording, or otherwise. For information regarding permissions, request forms, and the appropriate contacts within the Savvas Learning Company Rights Management group, please send your query to the address below.

Savvas Learning Company LLC, 15 East Midland Avenue, Paramus, NJ 07652

Cover: La foto de portada muestra un perro Jack Russel Terrier. FCVR: Mikkel Bigandt/Shutterstock; BCVR: Marinello/DigitalVision Vectors/Getty Images.

Attributions of third party content appear on pages PF12–PF13, which constitute an extension of this copyright page.

Next Generation Science Standards is a registered trademark of WestEd. Neither WestEd nor the lead states and partners that developed the Next Generation Science Standards were involved in the production of this product, and do not endorse it. NGSS Lead States. 2013. Next Generation Science Standards: For States, By States. Washington, DC: The National Academies Press.

Savvas™ and **Savvas Learning Company®** are the exclusive trademarks of Savvas Learning Company LLC in the U.S. and other countries.

Savvas Learning Company publishes through its famous imprints **Prentice Hall®** and **Scott Foresman®** which are exclusive registered trademarks owned by Savvas Learning Company LLC in the U.S. and/or other countries.

Savvas Realize™ is the exclusive trademark of Savvas Learning Company LLC in the U.S. and/or other countries.

Unless otherwise indicated herein, any third party trademarks that may appear in this work are the property of their respective owners, and any references to third party trademarks, logos, or other trade dress are for demonstrative or descriptive purposes only. Such references are not intended to imply any sponsorship, endorsement, authorization, or promotion of Savvas Learning Company products by the owners of such marks, or any relationship between the owner and Savvas Learning Company LLC or its authors, licensees, or distributors.

SAVVAS LEARNING COMPANY

ISBN-13: 978-0-328-96221-1
ISBN-10: 0-328-96221-X
8 23

Autores del programa

ZIPPORAH MILLER, EdD
Coordinator for K-12 Science Programs, Anne Arundel County Public Schools.
Zipporah Miller currently serves as the Senior Manager for Organizational Learning with the Anne Arundel County Public School System. Prior to that she served as the K-12 Coordinator for science in Anne Arundel County. She conducts national training to science stakeholders on the Next Generation Science Standards. Dr. Miller also served as the Associate Executive Director for Professional Development Programs and conferences at the National Science Teachers Association (NSTA) and served as a reviewer during the development of Next Generation Science Standards. Dr, Miller holds a doctoral degree from University of Maryland College Park, a master's degree in school administration and supervision from Bowie State University, and a bachelor's degree from Chadron State College.

MICHAEL J. PADILLA, PhD
Professor Emeritus, Eugene P. Moore School of Education, Clemson University, Clemson, South Carolina
Michael J. Padilla taught science in middle and secondary schools, has more than 30 years of experience educating middle grades science teachers, and served as one of the writers of the 1996 U.S. National Science Education Standards. In recent years Mike has focused on teaching science to English Language Learners. His extensive leadership experience, serving as Principal Investigator on numerous National Science Foundation and U.S. Department of Education grants, resulted in more than $35 million in funding to improve science education. He served as president of the National Science Teachers Association, the world's largest science teaching organization, in 2005–6.

MICHAEL E. WYSESSION, PhD
Professor of Earth and Planetary Sciences, Washington University, St. Louis, Missouri
An author on more than 100 science and science education publications, Dr. Wysession was awarded the prestigious National Science Foundation Presidential Faculty Fellowship and Packard Foundation Fellowship for his research in geophysics, primarily focused on using seismic tomography to determine the forces driving plate tectonics. Dr. Wysession is also a leader in geoscience literacy and education, including being chair of the Earth Science Literacy Principles, author of several popular geology Great Courses video lecture series, and a lead writer of the Next Generation Science Standards*.

---

*Next Generation Science Standards is a registered trademark of WestEd. Neither WestEd nor the lead states and partners that developed the Next Generation Science Standards were involved in the production of this product, and do not endorse it. NGSS Lead States. 2013. Next Generation Science Standards: For States, By States. Washington, DC: The National Academies Press.

Revisores

Asesores del programa

Carol Baker
Science Curriculum
Dr. Carol K. Baker is superintendent for Lyons Elementary K-8 School District in Lyons, Illinois. Prior to that, she was Director of Curriculum for Science and Music in Oak Lawn, Illinois. Before that she taught Physics and Earth Science for 18 years. In the recent past, Dr. Baker also wrote assessment questions for ACT (EXPLORE and PLAN), was elected president of the Illinois Science Teachers Association from 2011-2013 and served as a member of the Museum of Science and Industry advisory boards in Chicago. She is a writer of the Next Generation Science Standards. Dr. Baker received her BS in Physics and a science teaching certification. She completed her Master of Educational Administration (K-12) and earned her doctorate in Educational Leadership.

Jim Cummins
ELL
Dr. Cummins's research focuses on literacy development in multilingual schools and the role technology plays in learning across the curriculum. *Elevate Science* incorporates research-based principles for integrating language with the teaching of academic content based on Dr. Cummins's work.

Elfrieda Hiebert
Literacy
Dr. Hiebert is the President and CEO of TextProject, a nonprofit aimed at providing open-access resources for instruction of beginning and struggling readers, and a former primary school teacher. She is also a research associate at the University of California Santa Cruz. Her research addresses how fluency, vocabulary, and knowledge can be fostered through appropriate texts, and her contributions have been recognized through awards, such as the Oscar Causey Award for Outstanding Contributions to Reading Research (Literacy Research Association, 2015), Research to Practice Award (American Educational Research Association, 2013), William S. Gray Citation of Merit Award for Outstanding Contributions to Reading Research (International Reading Association, 2008).

Revisores del contenido

Alex Blom, Ph.D.
Associate Professor
Department Of Physical Sciences
Alverno College
Milwaukee, Wisconsin

Joy Branlund, Ph.D.
Department of Physical Science
Southwestern Illinois College
Granite City, Illinois

Judy Calhoun
Associate Professor
Physical Sciences
Alverno College
Milwaukee, Wisconsin

Stefan Debbert
Associate Professor of Chemistry
Lawrence University
Appleton, Wisconsin

Diane Doser
Professor
Department of Geological Sciences
University of Texas at El Paso
El Paso, Texas

Rick Duhrkopf, Ph.D.
Department of Biology
Baylor University
Waco, Texas

Jennifer Liang
University Of Minnesota Duluth
Duluth, Minnesota

Heather Mernitz, Ph.D.
Associate Professor of Physical Sciences
Alverno College
Milwaukee, Wisconsin

Joseph McCullough, Ph.D.
Cabrillo College
Aptos, California

Katie M. Nemeth, Ph.D.
Assistant Professor
College of Science and Engineering
University of Minnesota Duluth
Duluth, Minnesota

Maik Pertermann
Department of Geology
Western Wyoming Community College
Rock Springs, Wyoming

Scott Rochette
Department of the Earth Sciences
The College at Brockport
State University of New York
Brockport, New York

David Schuster
Washington University in St Louis
St. Louis, Missouri

Shannon Stevenson
Department of Biology
University of Minnesota Duluth
Duluth, Minnesota

Paul Stoddard, Ph.D.
Department of Geology and Environmental Geosciences
Northern Illinois University
DeKalb, Illinois

Nancy Taylor
American Public University
Charles Town, West Virginia

Revisores de seguridad

Douglas Mandt, M.S.
Science Education Consultant
Edgewood, Washington

Juliana Textley, Ph.D.
Author, NSTA books on school science safety
Adjunct Professor
Lesley University
Cambridge, Massachusetts

Maestros revisores

Jennifer Bennett, M.A.
Memorial Middle School
Tampa, Florida

Sonia Blackstone
Lake County Schools
Howey In the Hills, Florida

Teresa Bode
Roosevelt Elementary
Tampa, Florida

Tyler C. Britt, Ed.S.
Curriculum & Instructional
 Practice Coordinator
Raytown Quality Schools
Raytown, Missouri

A. Colleen Campos
Grandview High School
Aurora, Colorado

Coleen Doulk
Challenger School
Spring Hill, Florida

Mary D. Dube
Burnett Middle School
Seffner, Florida

Sandra Galpin
Adams Middle School
Tampa, Florida

Margaret Henry
Lebanon Junior High School
Lebanon, Ohio

Christina Hill
Beth Shields Middle School
Ruskin, Florida

Judy Johnis
Gorden Burnett Middle School
Seffner, Florida

Karen Y. Johnson
Beth Shields Middle School
Ruskin, Florida

Jane Kemp
Lockhart Elementary School
Tampa, Florida

Denise Kuhling
Adams Middle School
Tampa, Florida

Esther Leonard M.Ed. and L.M.T.
Gifted and Talented Implementation Specialist
San Antonio Independent School District
San Antonio, Texas

Kelly Maharaj
Science Department Chairperson
Challenger K8 School of Science and
 Mathematics
Elgin, Florida

Kevin J. Maser, Ed.D.
H. Frank Carey Jr/Sr High School
Franklin Square, New York

Angie L. Matamoros, Ph.D.
ALM Science Consultant
Weston, Florida

Corey Mayle
Brogden Middle School
Durham, North Carolina

Keith McCarthy
George Washington Middle School
Wayne, New Jersey

Yolanda O. Peña
John F. Kennedy Junior High School
West Valley City, Utah

Kathleen M. Poe
Jacksonville Beach Elementary School
Jacksonville Beach, Florida

Wendy Rauld
Monroe Middle School
Tampa, Florida

Bryna Selig
Gaithersburg Middle School
Gaithersburg, Maryland

Pat (Patricia) Shane, Ph.D.
STEM & ELA Education Consultant
Chapel Hill, North Carolina

Diana Shelton
Burnett Middle School
Seffner, Florida

Nakia Sturrup
Jennings Middle School
Seffner, Florida

Melissa Triebwasser
Walden Lake Elementary
Plant City, Florida

Michele Bubley Wiehagen
Science Coach
Miles Elementary School
Tampa, Florida

Pauline Wilcox
Instructional Science Coach
Fox Chapel Middle School
Spring Hill, Florida

Tema 1

Empujar y jalar

K-PS2-1, K-PS2-2, K-2-ETS1-3

Misión

En esta actividad de la Misión, conocerás a una diseñadora de velas que necesita tu ayuda. Quiere que encuentres la mejor forma para una vela. Diseñarás una vela para un carro de velas.

Como lo hace un diseñador de velas, completarás actividades y laboratorios. Usarás lo que aprendiste en las lecciones para hacer tu vela. Luego, la usarás en una carrera de carros.

Busca tus actividades de la Misión en las páginas 11, 16 y 26.

La Conexión con la carrera de diseñador de velas está en la página 29.

- ASSESSMENT
- VIDEO
- eTEXT
- INTERACTIVITY
- SCIENCE SONG
- GAME
- DOCUMENT

El Texto en línea está disponible en español.

Pregunta esencial

¿Qué ocurre si empujas o jalas un objeto? 1

Conexión con la lectura Causa y efecto 5

Lección 1
Empujones y jalones 6

Lección 2
Los cambios en el movimiento 12
   STEM tú, Ingeniero 18

Lección 3
Cambiar el movimiento con empujones y jalones . . . 20
   STEM Conexión con las matemáticas 27

Repaso y evaluación
   Evaluación del tema 30
   Evaluación basada en la evidencia 32

LABORATORIO PRÁCTICO

túConectas Lab
4

túInvestigas Lab
7, 13, 21

túDemuestras Lab
34

Tema 2

K-2-ETS1-1, K-2-ETS1-2

La materia

Misión

En esta actividad de la Misión, conocerás a una maestra de ciencias. Necesita tu ayuda para clasificar objetos.

Como lo hace un maestro de ciencias, completarás actividades y laboratorios. Usarás lo que aprendiste en las lecciones para clasificar objetos. Luego, usarás herramientas para guardar los objetos.

Busca tus actividades de la Misión en las páginas 47, 54 y 60.

La Conexión con la carrera de maestro de ciencias está en la página 65.

- ASSESSMENT
- VIDEO
- eTEXT
- INTERACTIVITY
- SCIENCE SONG
- GAME
- DOCUMENT

El Texto en línea está disponible en español.

Pregunta esencial
¿Cómo puedes clasificar diferentes objetos?........... 37

Conexión con la lectura Idea principal y detalles 41

Lección 1
Los sentidos 42

Lección 2
Los objetos 48
   STEM Conexión con las matemáticas 55

Lección 3
Los sólidos, los líquidos y los gases 56
   STEM tú, Ingeniero 62

Repaso y evaluación
   Evaluación del tema 66
   Evaluación basada en la evidencia 68

LABORATORIO PRÁCTICO

túConectas Lab
40

túInvestigas Lab
43, 49, 57

túDemuestras Lab
70

Contenido vii

Tema 3

K-PS3-1, K-PS3-2

La luz solar

Misión

En esta actividad de la Misión, conocerás a un arquitecto que necesita tu ayuda. Quiere construir una casita de perro. La casita de perro debe refrescar a su perro en días soleados.

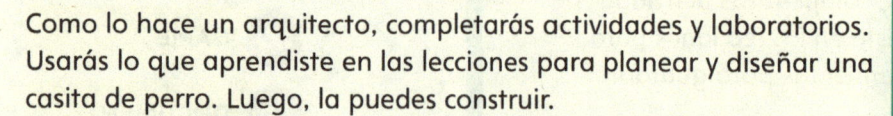

Como lo hace un arquitecto, completarás actividades y laboratorios. Usarás lo que aprendiste en las lecciones para planear y diseñar una casita de perro. Luego, la puedes construir.

Busca tus actividades de la Misión en las páginas 82 y 92.

La Conexión con la carrera de arquitecto está en la página 95.

- ASSESSMENT
- VIDEO
- eTEXT
- INTERACTIVITY
- SCIENCE SONG
- GAME
- DOCUMENT

El Texto en línea está disponible en español.

Pregunta esencial

¿Cómo nos ayuda la luz solar?................. 73

Conexión con la lectura Pistas visuales............ 77

Lección 1
El Sol................................... 78
   Ciencia extrema...................... 83
   STEM tú, Ingeniero................. 84

Lección 2
La luz solar y la superficie de la Tierra........ 86

Repaso y evaluación
   Evaluación del tema.................. 96
   Evaluación basada en la evidencia......... 98

LABORATORIO PRÁCTICO

túConectas Lab
76

túInvestigas Lab
79, 87

túDemuestras Lab
100

Tema 4

El estado del tiempo en la Tierra

K-ESS2-1, K-ESS3-2,
K-2-ETS1-1, K-2-ETS1-2,
K-2-ETS1-3

- ASSESSMENT
- VIDEO
- eTEXT
- INTERACTIVITY
- SCIENCE SONG
- GAME
- DOCUMENT

El Texto en línea está disponible en español.

Misión

En esta actividad de la Misión, conocerás a una cazadora de tormentas que necesita tu ayuda. Quiere hacer un cartel de seguridad. Le dirá a las personas cómo mantenerse seguras cuando hay tormentas.

Como lo hace un cazador de tormentas, completarás actividades y laboratorios. Usarás lo que aprendiste en las lecciones para hacer un cartel de seguridad. Ayudarás a las personas a mantenerse a salvo cuando hay tormentas.

Busca tus actividades de la Misión en las páginas 113, 121, 126 y 134.

La Conexión con la carrera de ilustrador científico está en la página 137.

Pregunta esencial

¿Cómo cambia el estado del tiempo?.............. 103

Conexión con la lectura Idea principal y detalles 107

Lección 1
Diferentes tipos de estado del tiempo............ 108
STEM tú, Ingeniero 114

Lección 2
Patrones del estado del tiempo 116

Lección 3
Las estaciones 122
Ciencia extrema............................... 127

Lección 4
El tiempo severo 128

Repaso y evaluación
Evaluación del tema 138
Evaluación basada en la evidencia 140

LABORATORIO PRÁCTICO

túConectas Lab
106

túInvestigas Lab
109, 117, 123, 129

túDemuestras Lab
142

Contenido ix

Tema 5

Las necesidades de los seres vivos

K-LS1-1, K-2-ETS1-1, K-2-ETS1-2

Misión

En esta actividad de la Misión, conocerás a una bióloga de la vida silvestre que necesita tu ayuda. Quiere hacer un libro sobre un nuevo parque. Le mostrará a las personas lo que necesitan las plantas y los animales para vivir en el parque.

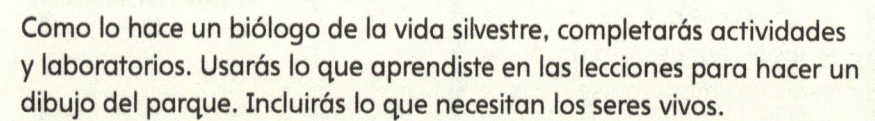

Como lo hace un biólogo de la vida silvestre, completarás actividades y laboratorios. Usarás lo que aprendiste en las lecciones para hacer un dibujo del parque. Incluirás lo que necesitan los seres vivos.

Busca tus actividades de la Misión en las páginas 155, 161, 168 y 176.

La Conexión con la carrera de biólogo de la vida silvestre está en la página 179.

- ASSESSMENT
- VIDEO
- eTEXT
- INTERACTIVITY
- SCIENCE SONG
- GAME
- DOCUMENT

El Texto en línea está disponible en español.

Pregunta esencial

¿Qué necesitan las plantas y los animales para sobrevivir? 145

Conexión con la lectura Parecidos y diferentes 149

Lección 1
Las necesidades de las plantas 150

Lección 2
Las necesidades de los animales 156
  STEM tú, Ingeniero 162

Lección 3
Las necesidades de las personas 164
  Ciencia extrema 169

Lección 4
Los ciclos de vida 170

Repaso y evaluación
  Evaluación del tema 180
  Evaluación basada en la evidencia 182

LABORATORIO PRÁCTICO

túConectas Lab
148

túInvestigas Lab
151, 157, 165, 171

túDemuestras Lab
184

x Contenido

Tema 6

El medio ambiente

K-ESS2-2, K-ESS3-1, K-ESS3-3

Misión

En esta actividad de la Misión, conocerás a un guardaparques que necesita tu ayuda. Quiere hacer carteles para un camino de la naturaleza. Los carteles le dirán a las personas cómo hacer un buen uso del camino.

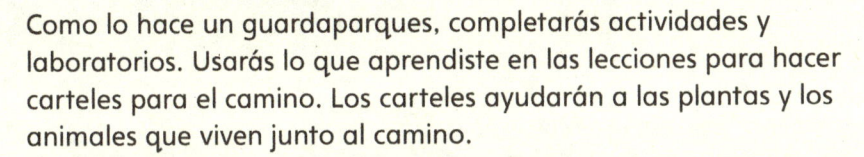

Como lo hace un guardaparques, completarás actividades y laboratorios. Usarás lo que aprendiste en las lecciones para hacer carteles para el camino. Los carteles ayudarán a las plantas y los animales que viven junto al camino.

Busca tus actividades de la Misión en las páginas 197, 203, 208 y 216.

La Conexión con la carrera de guardaparques está en la página 221.

- ASSESSMENT
- VIDEO
- eTEXT
- INTERACTIVITY
- SCIENCE SONG
- GAME
- DOCUMENT

El Texto en línea está disponible en español.

Pregunta esencial
¿Cómo cambian las plantas y los animales su ambiente? 187

Conexión con la lectura Secuencia 191

Lección 1
Lugares donde viven las plantas y los animales 192

Lección 2
Las plantas y los animales cambian el medio ambiente 198

Lección 3
Las personas cambian el medio ambiente 204
   STEM Conexión con las matemáticas 209

Lección 4
Las personas pueden proteger el medio ambiente . 210
   STEM tú, Ingeniero 218

Repaso y evaluación
   Evaluación del tema 222
   Evaluación basada en la evidencia 224
Cuaderno de prácticas de ciencias e ingeniería 228

LABORATORIO PRÁCTICO

túConectas Lab
190

túInvestigas Lab
193, 199, 205, 211

túDemuestras Lab
226

Contenido xi

Eleva tu conocimiento

Elevar las ciencias eleva la ciencia a otro nivel y te hace ser dueño de tu aprendizaje. Explora el mundo que te rodea a través de la ciencia. Investiga cómo funcionan las cosas. Piensa críticamente y resuelve problemas. *Elevar las ciencias* te ayuda a pensar como un científico, para que estés preparado para un mundo de descubrimientos.

Explora el mundo

Explora escenarios de la vida real de todo el mundo a través de Misiones que te hacen profundizar en los temas científicos. Puedes:

- Resolver problemas reales
- Emplear destrezas y conocimientos
- Comunicar soluciones

Misión Arranque
Encuentra a los padres
¿Qué pistas nos ayudan a encontrar a los padres de las crías?

¡Hola! Soy la señorita Swift. Soy una científica de la naturaleza. Ayudo a cuidar

Haz conexiones

Elevar las ciencias conecta la ciencia con otras materias y te muestra cómo entender mejor el mundo a través de:

- Las matemáticas
- La lectura y escritura
- El conocimiento

Lectura ▸ Herramientas

Idea principal y detalles
La idea principal es que todos los seres vivos crecen y cambian. Usa los detalles para decir cómo cambia una planta de sandía durante su ciclo

Matemáticas ▸ Herramientas

Comparar números
Puedes comparar el largo de los objetos. Los conejos adultos tienen orejas más largas que los conejos jóvenes. Usa cubos para medir la longitud de dos objetos de la clase. ¿Cuál es más largo?

Conectar conceptos ▸ Herramientas

Patrones La naturaleza tiene muchos patrones. Un **patrón** es algo que se repite. Los padres protegen a sus hijos. Usan sus cuerpos para protegerlos. ¿Qué patrones ves en estas dos páginas?

Desarrolla destrezas para el futuro

- Domina el proceso del diseño de ingeniería
- Emplea el pensamiento crítico y las destrezas analíticas
- Conoce las carreras en ciencias, tecnología, ingeniería y matemáticas (STEM)

Enfócate en las destrezas de lectura

Elevar las ciencias crea conexiones con la lectura que te ayudan a desarrollar las destrezas que necesitas para tener éxito. Algunos recursos son:

- Leveled Readers
- Conexiones con la lectura
- Revisiones de lectura

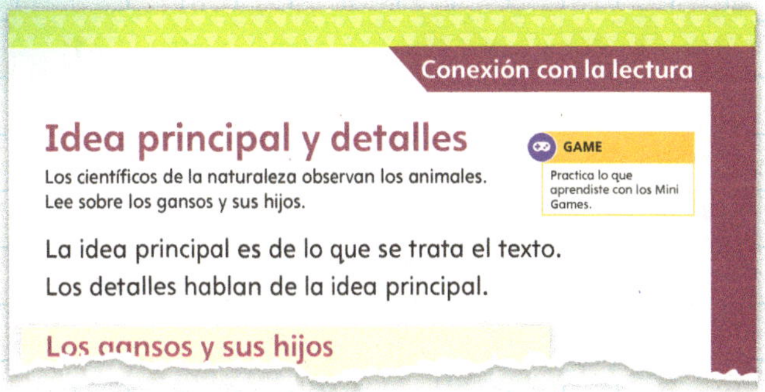

Entra a la zona de laboratorios

Los experimentos en los laboratorios prácticos y virtuales te ayudan a probar tus ideas, y las evaluaciones te ayudan a mostrar lo que sabes. Los laboratorios incluyen:

- STEM Labs
- Design Your Own
- Open-ended Labs

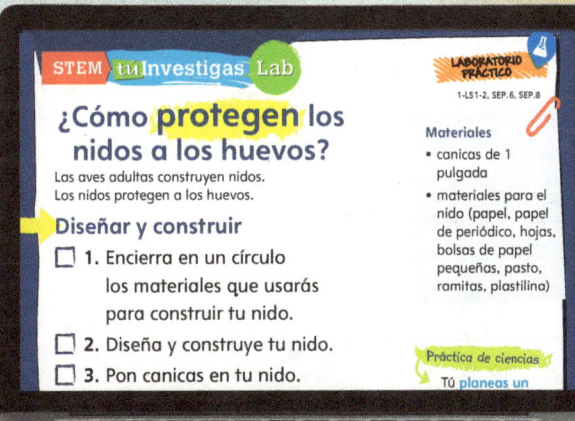

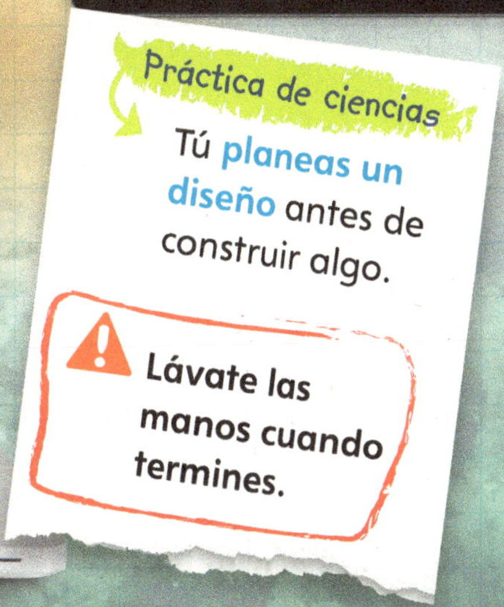

Tema 1

Empujar y jalar

Lección 1 Empujones y jalones
Lección 2 Los cambios en el movimiento
Lección 3 Cambiar el movimiento con empujones y jalones

Estándares de Ciencias para la Próxima Generación

K-PS2-1. Planear y realizar una investigación para comparar los efectos de diferentes intensidades o diferentes direcciones de empujones y jalones sobre el movimiento de un objeto.

K-PS2-2. Analizar los datos para determinar si un diseño funciona como se esperaba para cambiar la rapidez o la dirección de un objeto con un empujón o un jalón.

K-2-ETS1-3. Analizar los datos de las pruebas de dos objetos diseñados para resolver el mismo problema, con el fin de comparar las fortalezas y debilidades del funcionamiento de cada uno.

- ASSESSMENT
- VIDEO
- eTEXT
- INTERACTIVITY
- SCIENCE SONG
- GAME

El Texto en línea está disponible en español.

Pregunta esencial ¿Qué ocurre si empujas o jalas un objeto?

Muestra lo que sabes

Encierra en un cuadrado un jalón.

Tema 1 Empujar y jalar

Misión Arranque

El viento lo hace moverse

¿Cómo podemos usar el viento para empujar o jalar un objeto?

¡Hola, soy la señorita Álvarez! Soy diseñadora de velas. Pienso maneras de hacer velas que ayuden a las cosas a moverse más rápido. Necesito tu ayuda.

Un amigo quiere ganar una carrera. Ayúdame a encontrar la mejor vela para que su carro se mueva rápido.

Sigue el camino. Haz los pasos para hacer la vela. Marca cada uno así **MISIÓN CUMPLIDA** ✓.

Estándares de Ciencias para la Próxima Generación
K-PS2-1. Planear y realizar una investigación para comparar los efectos de diferentes intensidades o diferentes direcciones de empujones y jalones sobre el movimiento de un objeto.
K-PS2-2 Analizar los datos para determinar si un diseño funciona como se esperaba para cambiar la rapidez o la dirección de un objeto con un empujón o un jalón.
K-2-ETS1-3 Analizar los datos de las pruebas de dos objetos diseñados para resolver el mismo problema, con el fin de comparar las fortalezas y debilidades del funcionamiento de cada uno.

VIDEO

Ve un video sobre un diseñador de velas.

Misión Control: Lab 2

Lección 2 🟠

Usa lo que aprendiste para decir qué pasa cuando soplas la vela.

Misión Control: Lab 3

Lección 3 🔷

Usa lo que aprendiste para hacer la mejor vela.

Misión Control 1

Lección 1 🟦

Usa lo que aprendiste para dibujar una vela para tu carro.

META

Misión Hallazgos

Completa tu Misión. ¿De qué manera divertida puedes encontrar la mejor forma para una vela?

SALIDA

Misión: Arranque   3

túConectas...Lab

¿Cómo se *mueven* las cosas?

Los diseñadores de carros observan cómo se mueven los carros. Hacen preguntas. ¿Cómo puedes mover las cosas?

LABORATORIO PRÁCTICO

K-PS2-1, SEP.3

Materiales
- 4 objetos del salón de clases

Práctica de ciencias

Tú **planeas y realizas** una investigación para decirles a otros lo que aprendiste.

Procedimiento

☐ 1. Escoge 4 objetos.

☐ 2. Piensa en maneras de mover cada objeto.

☐ 3. Mueve cada objeto.

☐ 4. Dibuja un objeto en la caja. Usa flechas para mostrar cómo se mueve el objeto.

Analizar e interpretar datos

5. ¿Qué objeto moviste?

_____

_____

4 Tema 1 Empujar y jalar

Conexión con la lectura

Causa y efecto

Los diseñadores de carros entienden de causas y efectos. Lee sobre qué causa que una bicicleta se mueva.

GAME
Practica lo que aprendiste con los Mini Games.

Las causas hacen que pase algo.

Los efectos son lo que pasa.

Mi bicicleta

Tengo una bicicleta.

Puedo empujar los pedales rápido.

Mi bicicleta va rápido.

Puedo empujar los pedales despacio.

Mi bicicleta va lento.

☑ **REVISAR LA LECTURA** Causa y efecto

Encierra en un círculo una causa.
Subraya un efecto.

Conexión con la lectura 5

Lección 1

Empujones y jalones

VIDEO
Ve un video sobre empujones y jalones.

Vocabulario

empujar
jalar

Puedo observar cómo se mueven los objetos.

K-PS2-1

¡En marcha!

¿Cómo mueven el juguete los perros?

¿Cómo puedes tú mover algo?

túInvestigas... Lab

LABORATORIO PRÁCTICO

K-PS2-1, SEP.4

¿Cómo pueden moverse los objetos?

¿Puedes hacer que se muevan los objetos? Inténtalo y observa lo que pasa.

Materiales recomendados
- lápiz
- marcador
- borrador
- libro
- bloque de madera

Procedimiento

☐ 1. **Piensa** en maneras de mover los objetos.

☐ 2. **Observa** adónde van.

☐ 3. **Muestra** adónde van.

Práctica de ciencias

Tú **analizas datos** de las pruebas para saber si funciona como esperabas.

Analizar e interpretar datos

4. **Explicar** ¿Cómo se movieron los objetos?

Lección 1 Empujones y jalones   7

Empujones y jalones

Puedes **empujar** un objeto para alejarlo de ti.

Puedes **jalar** un objeto para acercarlo a ti.

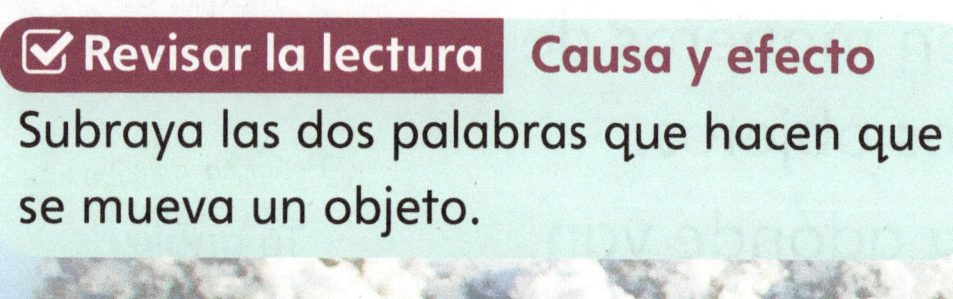

☑ **Revisar la lectura** Causa y efecto

Subraya las dos palabras que hacen que se mueva un objeto.

Comenta la foto.

¿Muestra un empujón?

¿Muestra un jalón?

Ingeniería
▸ **Herramientas**

Realizar una investigación Haz un camino con fichas paradas. Empuja la primera. Di lo que pasa.

Identificar Escribe empujón o jalón en cada parte de la foto.

Misión Conexión

Di cómo un empujón o un jalón pueden mover algo.

Lección 1   Empujones y jalones

INTERACTIVITY
Compara un empujón y un jalón.

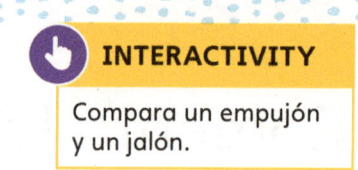

Maneras en que se mueven los objetos

Un empujón o un jalón pueden cambiar la manera en que se mueve un objeto.

La pelota rueda hasta el niño.

El niño la empuja con una patada.

La pelota se aleja del niño.

Identificar Mira las fotos. Dibuja una flecha para mostrar la dirección.

empujón

jalón

10 Tema 1 Empujar y jalar

Misión Control

Formas de velas

El viento empuja las velas de todas las formas.

La mejor forma recibirá más viento.

Dibuja una vela para tu carro.

Habla con un compañero.
Comenta por qué la forma de tu vela es la mejor.

MISIÓN CUMPLIDA

Lección 2

Los cambios en el movimiento

VIDEO
Ve un video sobre cambios en el movimiento.

Vocabulario
rapidez
dirección

Puedo observar distintas maneras en que se mueven los objetos.

Puedo entender por qué se mueven los objetos.

K-PS2-1

¡En marcha!

Eres la canica.
Actúalo.
Da vueltas y vueltas.
Gira.

12 Tema 1 Empujar y jalar

túInvestigas Lab

LABORATORIO PRÁCTICO

K-PS2-1, SEP.3

¿Cómo se mueven los objetos?

Di cómo los objetos que te rodean se mueven de distintas maneras.

Materiales
- pelota
- regla
- trompo
- botón en una cuerda

Procedimiento

☐ 1. Piensa en maneras de mover un objeto.

☐ 2. Prueba y observa.

☐ 3. Mueve cada objeto de una manera nueva.

Práctica de ciencias

Tú **explicas** cuando dices cómo pasa algo.

Analizar e interpretar datos

4. Di cómo se mueve cada objeto.

5. Di una palabra del banco de palabras para cada objeto que probaste.

| rápido   lento   rodar   girar   deslizar   tambalearse |

Lección 2   Los cambios en el movimiento   13

Distintas maneras de moverse

Los objetos se mueven en distintas **direcciones**.

Pueden moverse de un lado al otro.

Pueden moverse arriba y abajo.

Pueden moverse dando vueltas.

> **INTERACTIVITY**
> Usa la actividad interactiva para responder la pregunta: "¿Cómo se mueven las cosas?".

Identificar Rotula cómo se mueve cada objeto.

columpio

subibaja

Distinta rapidez

Los objetos se mueven con distinta **rapidez**.

Empujas fuerte.

El carrusel gira rápido.

Empujas suave.

El carrusel gira lento.

Conceptos transversales
▸ Herramientas

Causa y efecto Un empujón o un jalón es una causa. El modo en que el empujón o jalón mueve el objeto es un efecto. ¿Cómo mueves un columpio? ¿Cómo mueves un subibaja?

carrusel

Lección 2 Los cambios en el movimiento

STEM Misión Control Lab

¿Cómo puedes construir tu carro de vela?

Es hora de hacer tu vela.
Diseña tu carro de vela.
Constrúyelo.
Luego, pruébalo.

Diseñar y probar

☐ 1. Escoge los materiales para tu carro de vela.

☐ 2. Dibuja tu carro con la vela.

☐ 3. Di cómo la vela empujará el carro.

☐ 4. Prueba tu vela en el viento.

Materiales recomendados
- tapas de plástico, pedazos de espuma
- vasos de plástico
- vasos desechables para horno
- pañuelos de papel
- palillos
- cinta adhesiva
- regla
- ventilador

Práctica de ingeniería

Los ingenieros **prueban** lo que construyen.

Tema 1 Empujar y jalar

Evaluar la solución

5. ¿Qué funcionó?

6. ¿Qué no funcionó?

7. ¿Qué cambiarías?

tú, Ingeniero   Diseñar   STEM

K-2-ETS1-1

¡Perdido en el laberinto!

▶ **VIDEO**
Ve un video sobre ingenieros que diseñan herramientas.

¿Alguna vez caminaste por un laberinto?

Tienen muchas vueltas.

Diséñalo

Construye un laberinto.

Haz rodar una bolita dentro.

¿Qué hace que la bolita cambie de dirección?

Tema 1 Empujar y jalar

☐ **1.** Dibuja tu laberinto.

☐ **2.** Construye el laberinto sobre una mesa.

☐ **3.** Pruébalo con una bolita.

☐ **4.** Haz cambios.

☐ **5.** Pide a un amigo que pruebe tu laberinto.

Diséñalo

¿Qué parte de tu laberinto no funcionó?

Di cómo podrías arreglarlo.

tú, Ingeniero: Diseñar STEM

Lección 3

Cambiar el movimiento con empujones y jalones

VIDEO
Ve un video sobre los cambios en el movimiento.

Vocabulario
movimiento

Puedo investigar cómo se mueven los objetos.

K-PS2-2, K-2-ETS1-3

¡En marcha!

Di maneras en que un empujón puede mover una bola. Actúalo.

20 Tema 1 Empujar y jalar

túInvestigas...Lab

LABORATORIO PRÁCTICO

K-PS2-2, SEP.3

¿Cómo ruedas?

Los científicos estudian cómo se mueven los objetos. ¿Cómo afecta la fuerza de un empujón la manera en que se mueve un objeto?

Materiales
- pelotas
- cinta adhesiva
- fichas

Procedimiento

☐ 1. Trabaja con un compañero.

☐ 2. Haz que las pelotas vayan en línea recta.

☐ 3. Haz que las pelotas cambien de dirección.

☐ 4. Haz que las pelotas cambien su rapidez.

Práctica de ciencias

Tú **planeas tu investigación** antes de empezar.

Analizar e interpretar datos

5. Dibuja lo que pasa cuando las pelotas chocan entre sí.

Lección 3 • Cambiar el movimiento con empujones y jalones

Los objetos cambian de movimiento

Usa un empujón o un jalón.

Haz que un objeto se mueva.

Ese es su **movimiento**.

Un empujón o jalón puede detener su movimiento.

> **Causa y efecto** Usaste un empujón para lanzarle el juguete al perro. Di qué va a detener el movimiento del juguete.

INTERACTIVITY

Usa la actividad interactiva para hacer que una bicicleta viaje en distintas direcciones.

Cómo caen los objetos

Algunos objetos rebotan al caer.

Algunos objetos solo caen.

No rebotan, es decir, no vuelven a subir.

Predecir Empujas la pelota de la mesa.
¿Caerá y rebotará?
¿Solo caerá?

Misión Conexión

Quieres mover tu carro de vela.

Di cómo puedes hacer que empiece a moverse.

Lección 3 Cambiar el movimiento con empujones y jalones

Dirección y movimiento

Un objeto en movimiento va en una dirección.

Otro objeto puede empujarlo o jalarlo.

El empujón o jalón cambiará su dirección.

Comprensión visual Cuenta un cuento sobre los carros. Dibuja lo que pasa después.

4

Lección 3   Cambiar el movimiento con empujones y jalones   25

STEM **Misión** Control Lab

LABORATORIO PRÁCTICO

K-PS2-2, K-2-ETS1-3, SEP.4

¿Cómo hace el viento para mover mi carro?

Descubre cómo funciona tu carro de vela con el viento. Quizá tengas que cambiar algunas partes.

Materiales
- carro de vela
- secador de pelo o ventilador

Materiales recomendados
- tapas de plástico, pedazos de espuma
- vasos de plástico
- vasos desechables para horno

Mejorar el diseño

☐ 1. Mira tu carro de vela.

☐ 2. Mejóralo.

☐ 3. Decide qué usar como viento.

☐ 4. Haz que tu carro vaya más rápido. Haz que cambie de dirección.

Práctica de ingeniería

Tú **pruebas** un diseño para ver si funciona.

Evaluar el diseño

5. Di qué podría hacer que tu carro se moviera mejor en el viento.

26 Tema 1 Empujar y jalar

STEM Conexión con las matemáticas

Sumar números

El símbolo + te dice que sumes dos o más números.

Cuenta las bicicletas rojas. ¿Cuántas ves?

Cuenta las bicicletas azules. ¿Cuántas ves?

Contar Suma las bicicletas rojas y las bicicletas azules.

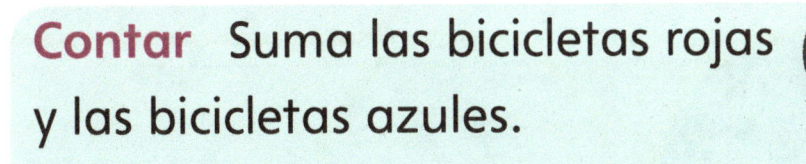

¿Cuántas bicicletas cuentas?

Bicicletas rojas   Bicicletas azules   Bicicletas rojas y azules

☐ + ☐ = ☐

Misión Hallazgos

INTERACTIVITY
Aplica lo que aprendiste en la Misión.

El viento lo hace moverse

¿Cómo podemos usar el viento para empujar o jalar un objeto?

Piensa en la forma de tu vela.

Di por qué tu vela será la que funcione mejor en el viento fuerte.

Muestra lo que encontraste

Juega una carrera entre tu carro y los del resto del grupo. ¿Qué vela funciona mejor? ¿Por qué?

MISIÓN CUMPLIDA

Conexión con la Carrera

Diseñador de botes de vela

Este hombre hace botes de vela. Aprende sobre el viento y el agua. Mira cómo se mueven los botes. Sus botes son seguros para las personas. ¡Y además van rápido!

Escribe algo que sepas sobre los botes.

Misión: Hallazgos

☑ **Evaluación**

Pregunta esencial ¿Qué ocurre si empujas o jalas un objeto?

Muestra lo que aprendiste

Dile a un compañero lo que aprendiste sobre el movimiento.

1. Las fotos muestran un empujón o un jalón. Completa la tabla. La primera ya está hecha.

	Empujón	Jalón
	x	

30 Tema 1 Empujar y jalar

2. ¿Cómo se mueve la pelota?

   a. arriba y abajo

   b. en zigzag

   c. en una curva

   d. de un lado al otro

3. Sam tiene un bote de vela de juguete. El viento sopla en la vela. Dibuja una flecha para mostrar adónde irá el bote.

✓ **Evaluación basada en la evidencia**

Lee y contesta las preguntas 1 a 4.

Jenna está en un equipo de *kickball*.
Es la lanzadora.
Lanza la pelota a Robert.
Usa un empujón fuerte para que la pelota vaya rápido.
Robert patea la pelota.
La pelota vuela por el aire.
¡Jenna la atrapa!
El entrenador aplaude.

1. ¿Cómo se movió la pelota para llegar a Robert?

   a. con un empujón
   b. con un jalón
   c. con un golpe
   d. con un bate

2. ¿Qué tipo de empujón usó la lanzadora?

   a. en zigzag

   b. fuerte

   c. suave

   d. hacia arriba y hacia abajo

3. Robert patea la pelota. ¿Quién detiene el movimiento de la pelota?

   a. Robert

   b. Jenna

   c. el entrenador

   d. una valla

4. Jenna lanza la pelota a Robert. Dibuja una flecha para mostrar adónde irá la pelota.

Evaluación basada en la evidencia

tú Demuestras Lab

¿Cómo cambian de movimiento los objetos?

Los objetos pueden moverse con un empujón o un jalón. Usa lo que aprendiste para decir cómo se mueven los objetos.

Materiales recomendados
- cuerda
- pelotas
- crayones
- carros de juguete
- plumas
- fichas

Procedimiento

- ☐ 1. Escoge un objeto.
- ☐ 2. Haz que se mueva.
- ☐ 3. Empújalo mientras se mueve.
- ☐ 4. Observa lo que pasa.
- ☐ 5. Escoge otro objeto.
- ☐ 6. Haz un plan para cambiar el movimiento con un jalón.

Práctica de ciencias

Tú **planeas y realizas** una investigación para contar lo que aprendiste.

Tema 1 Empujar y jalar

LABORATORIO PRÁCTICO

K-PS2-1, SEP.3

Observaciones

Objeto	Qué pasó

→ **Analizar e interpretar datos**

7. Di qué hizo que cada objeto cambiara de movimiento.

_____
_____
_____

túDemuestras: Lab

Tema 2

La materia

Lección 1 Los sentidos
Lección 2 Los objetos
Lección 3 Los sólidos, los líquidos y los gases

Estándares de Ciencias para la Próxima Generación

K-2-ETS1-1 Hacer preguntas y observaciones y reunir información acerca de una situación que las personas quieran cambiar, con el fin de definir un problema sencillo que se pueda resolver por medio del desarrollo de un objeto o una herramienta nueva o mejorada.

K-2-ETS1-2 Desarrollar un bosquejo, dibujo o modelo físico sencillo para ilustrar cómo la forma de un objeto ayuda a que funcione de la manera adecuada para resolver un problema determinado.

- ASSESSMENT
- VIDEO
- eTEXT
- INTERACTIVITY
- SCIENCE SONG
- GAME

El Texto en línea está disponible en español.

Pregunta esencial
¿Cómo puedes clasificar diferentes objetos?

Muestra lo que sabes

Encierra en un círculo un objeto blando y rojo. Encierra en un cuadrado un objeto duro y azul.

Tema 2 La materia 37

Misión Arranque

Un salón desordenado

¿Cómo podemos clasificar los objetos para guardarlos de manera segura?

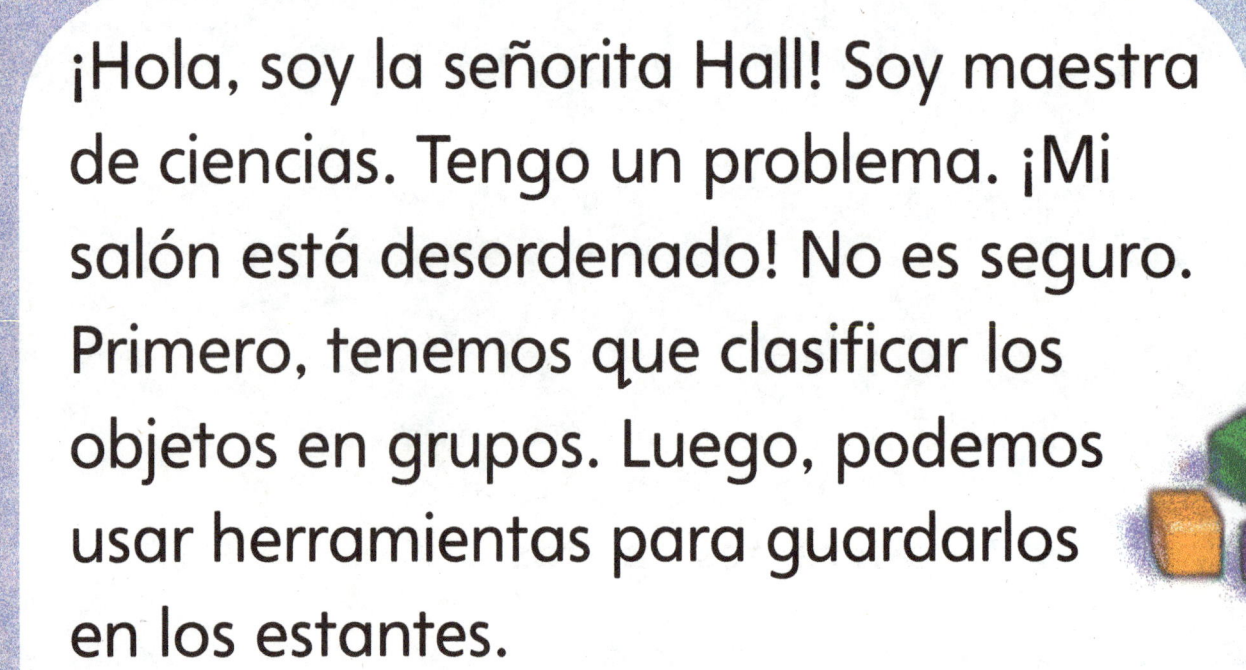

¡Hola, soy la señorita Hall! Soy maestra de ciencias. Tengo un problema. ¡Mi salón está desordenado! No es seguro. Primero, tenemos que clasificar los objetos en grupos. Luego, podemos usar herramientas para guardarlos en los estantes.

Sigue el camino. Haz los pasos para clasificar los objetos. Marca cada uno así MISIÓN CUMPLIDA ✓.

K-2-ETS1-1 Hacer preguntas y observaciones y reunir información acerca de una situación que las personas quieran cambiar, con el fin de definir un problema sencillo que se pueda resolver por medio del desarrollo de un objeto o una herramienta nueva o mejorada.

Misión Control: Lab 2

Lección 2 ●

Usa lo que aprendiste sobre maneras de clasificar los objetos.

> ▶ **VIDEO**
> Ve un video para aprender qué hace un maestro de ciencias.

Misión Control: Lab 3

Lección 3 ◆

Usa lo que aprendiste sobre la materia. Clasifica objetos de una manera nueva.

Misión Control 1

Lección 1 ■

Usa lo que aprendiste sobre los sentidos para comparar objetos.

Misión Hallazgos

Termina tu Misión. Busca una manera divertida de mostrar y comentar tus objetos.

Misión: Arranque 39

túConectas...Lab

¿Qué es el objeto?

Los científicos observan objetos. ¿Cómo puedes usar los sentidos para observar un objeto?

LABORATORIO PRÁCTICO

K-2-ETS1-1, SEP 1, SEP.3, SEP.4

Materiales
- bolsa
- objetos pequeños del salón de clases

Procedimiento

☐ 1. Esconde un objeto en la bolsa.

☐ 2. Dale la bolsa a tu compañero.

☐ 3. Tu compañero puede hacer preguntas para adivinar qué objeto es.

☐ 4. Ahora deja que tu compañero esconda un objeto en la bolsa.

Práctica de ciencias

Puedes **hacer preguntas** para saber más sobre los objetos.

⚠ No te lleves los materiales a la boca.

Analizar e interpretar datos

5. Di cómo adivinaste qué objeto era.

40 Tema 2 La materia

Conexión con la lectura

Idea principal y detalles

> **GAME**
> Practica lo que aprendiste con los Mini Games.

Lee el cuento del gato de María.

El gato de plastilina es la idea principal.

Los detalles cuentan más sobre la idea principal.

El gato de plastilina de María

María hizo un gato de plastilina.

Su gato tiene ojos blancos.

Tiene orejas triangulares.

Tiene una larga cola azul.

☑ Revisar la lectura Idea principal y detalles

Subraya la idea principal.

Encierra en un círculo un detalle sobre la forma.

Lección 1

Los sentidos

VIDEO
Conéctate en línea para ver este video sobre escuchar con atención.

Vocabulario

sentidos
estructura
función

Puedo nombrar los cinco sentidos.

K-2-ETS1-1, K-2-ETS1-2

¡En marcha!

Piensa en un gatito. ¿Cómo se siente su pelo cuando lo tocas? Dile a un compañero.

42 Tema 2 La materia

túInvestigas...Lab

LABORATORIO PRÁCTICO
SEP.3, SEP.4

¿Cómo se siente?

Los maestros de ciencias ayudan a los estudiantes a aprender sobre las cosas que los rodean. Pueden enseñarles cómo se sienten las cosas. ¿Qué sentido puedes usar para decir cómo se siente algo?

Materiales
- tarjetas de fichero
- objetos (roca, animal de peluche, papel de lija, lata)

Procedimiento

☐ 1. Piensa en palabras que digan cómo se sienten las cosas.

☐ 2. Escribe cada palabra.

☐ 3. Siente los objetos.

☐ 4. Pon una palabra junto a cada objeto.

Práctica de ciencias

Tú **realizas investigaciones** para aprender más sobre los objetos.

Analizar e interpretar datos

5. **Identificar** ¿Qué sentido usaste?

_____
_____

Lección 1 Los sentidos 43

Los cinco sentidos

Tenemos cinco sentidos.

Los **sentidos** son maneras que tiene nuestro cuerpo de decirnos cosas sobre el mundo.

Nos ayudan a observar el mundo.

Nos ayudan a aprender.

Lectura ▸ Herramientas

Idea principal y detalles Subraya la idea principal en esta página.

Misión Conexión

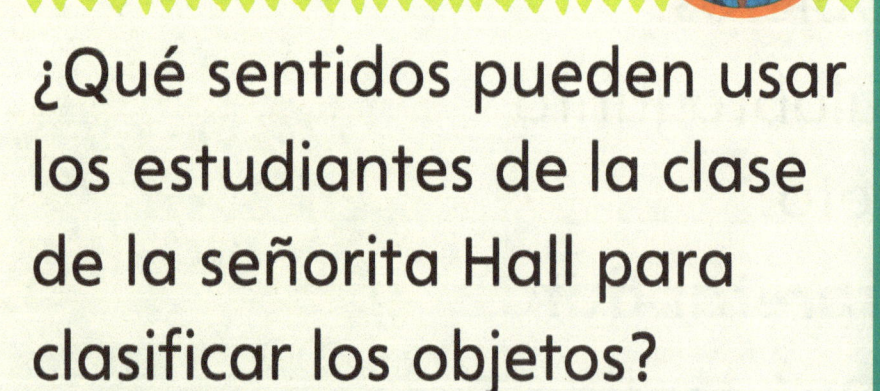

¿Qué sentidos pueden usar los estudiantes de la clase de la señorita Hall para clasificar los objetos?

Tocas con la piel.

Identificar Encierra en un círculo las partes del cuerpo que se usan para cada sentido.

INTERACTIVITY

Completa una actividad sobre los sentidos.

Ves con los ojos.

Oyes con los oídos.

Sientes el gusto con la lengua.

Hueles con la nariz.

Lección 1 Los sentidos 45

Estructura y función

Piensa en los objetos de tu salón de clases.

Puedes hablar sobre la estructura y la función.

La **estructura** es cómo está hecho o qué tiene un objeto.

La **función** es lo que hace el objeto o cómo funciona.

Misión Control

¿Qué nos dicen los sentidos sobre la estructura y la función?

Las herramientas son diferentes. Están hechas para realizar diferentes trabajos.

Usa tus sentidos. Une cada herramienta con su función.

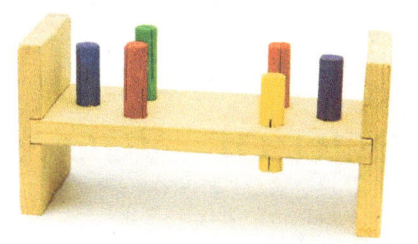

Describir Escoge una herramienta. ¿Cómo la usas en tu casa?

MISIÓN CUMPLIDA

Lección 2
Los objetos

Vocabulario
materia
cambiar
dar forma

Puedo describir y clasificar objetos.

K-2-ETS1-1

¡En marcha!

Juega al "veo veo".

Escucha pistas sobre un objeto.

Es algo que puedes ver.

¿Qué es?

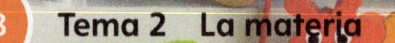

48 Tema 2 La materia

túInvestigas Lab

LABORATORIO PRÁCTICO
K-2-ETS1-1, SEP.3 SEP.4

¿En qué se parecen los objetos?

Los objetos pueden parecerse de algunas maneras. ¿Cómo puedes descubrirlo?

Materiales
- diversos objetos

Práctica de ciencias

Tú **analizas datos** de observaciones para comparar objetos.

Procedimiento

☐ 1. Escoge seis objetos.

☐ 2. Pídele a tu compañero que los clasifique en dos grupos.

☐ 3. Observa los dos grupos de objetos.

Analizar e interpretar datos

4. Di en qué se parecen los objetos de cada grupo.

Lección 2   Los objetos

Grupos de objetos

La **materia** es todo lo que ocupa espacio.

Los objetos son tipos de materia.

Puedes observar en qué se parecen.

redondo

Comprensión visual Dibuja tres objetos de tu salón de clases. Escribe un rótulo para cada objeto.

blando

amarillo

INTERACTIVITY

Conéctate en línea para aprender más sobre cómo clasificar objetos.

Misión Conexión

Di dos maneras de clasificar objetos.

Lección 2 Los objetos 51

La temperatura y el peso

Puedes clasificar objetos de muchas maneras.

Los objetos pueden estar fríos o calientes.

Los objetos pueden ser pesados o livianos.

Lectura
▶ **Herramientas**

Idea principal y detalles
¿Cuál es la idea principal? Dibuja una línea debajo.

Identificar Encierra en un círculo los objetos pesados. Marca con **X** los objetos calientes.

La materia cambia

Tú puedes **cambiar** la materia.

Puedes hacer que quede diferente.

Puedes **darle forma** de distintas maneras.

Puedes cortar o rasgar el papel.

Puedes enrollar o cortar la plastilina.

> **Identificar** Dibuja una **X** sobre el objeto que puedes doblar. Encierra en un círculo el objeto que puedes derretir.

Lección 2 Los objetos 53

Misión Control — Lab

LABORATORIO PRÁCTICO

K-2-ETS1-1, SEP.1, SEP.4

¿Cómo puedes observar y clasificar objetos?

¿Cómo puedes usar tus sentidos para ayudarme a ordenar mi salón?

Materiales recomendados
- Caja con objetos
- bolsa de plástico con cierre, para líquidos
- herramientas para observar, como una balanza o una lupa

Procedimiento

☐ 1. Escoge un objeto.

☐ 2. Dibuja o escribe tus observaciones sobre el objeto. Identifica un grupo para el objeto.

Práctica de ciencias

Puedes **analizar e interpretar datos** para clasificar objetos en grupos.

⚠️ No te lleves los materiales a la boca.

Analizar e interpretar datos

3. Dile a un compañero cómo clasificaste el objeto.

54 **MISIÓN CUMPLIDA** ✓

STEM Conexión con las matemáticas

Medir y clasificar

Puedes clasificar objetos largos y cortos.

Puedes clasificar objetos livianos y pesados.

Clasificar Trabaja con un compañero. Busca cinco objetos para medir. Mide los objetos. Di cómo los mediste.

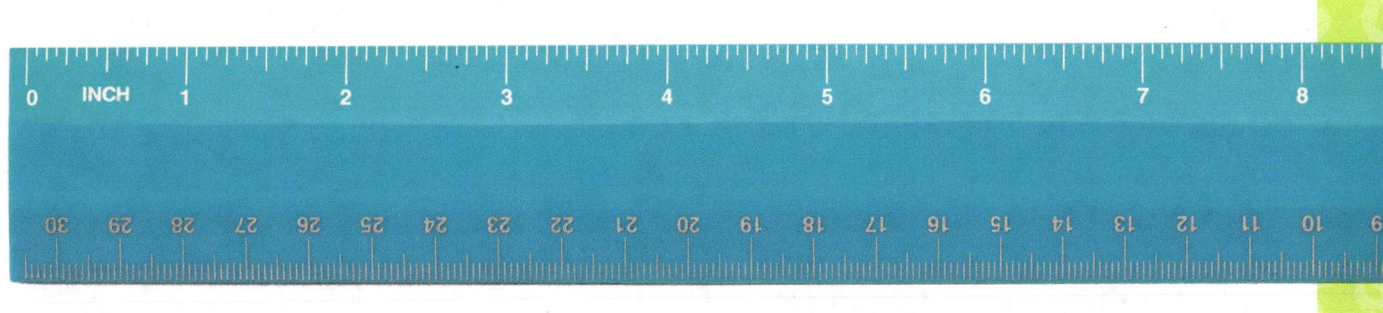

balanza

regla

STEM Conexión con las matemáticas

Lección 3

Los sólidos, los líquidos y los gases

INTERACTIVITY

Conéctate en línea para aprender más sobre los sólidos, los líquidos y los gases.

Vocabulario

sólido
líquido
gas

Puedo observar los tres estados de la materia.

K-2-ETS1-1

¡En marcha!

Imagina que eres un globo.
Actúalo.
¿Cómo te sientes?

56 Tema 2 La materia

túInvestigas Lab

LABORATORIO PRÁCTICO

K-2-ETS1-1, SEP.3, SEP.4

¿Qué puedes observar acerca del agua?

¿Por qué se puede cambiar la forma del agua?

Materiales
- agua
- taza de medir
- jarra pequeña
- cuchara
- embudo

Procedimiento

☐ 1. Observa la forma del agua.

☐ 2. Piensa en maneras de cambiar su forma con las herramientas.

☐ 3. Observa lo que hace el agua con cada herramienta.

Práctica de ciencias

Tú **haces observaciones** para decidir qué herramientas son adecuadas para una tarea.

Analizar e interpretar datos

4. ¿Qué objeto puede cambiar de forma? Enciérralo en un círculo.

el vaso   el agua   la cuchara

Lección 3 Los sólidos, los líquidos y los gases   57

Sólidos, líquidos y gases

Hay tres tipos de materia.

Un **sólido** mantiene su forma. Las mesas y los juguetes son sólidos. Un **líquido** puede cambiar de forma. El agua y la leche son líquidos.

Un **gas** se expande para llenar el recipiente en el que está. El aire que te rodea es un gas.

> **Idea principal y detalles**
> Subraya la idea principal.

Misión Conexión

Di una manera nueva de clasificar los objetos.

Identificar Tres objetos de la foto necesitan rótulos. Escribe sólido, líquido o gas.

Ingeniería ▸ Herramientas

Hacer preguntas y definir problemas Busca materia en el salón de clases. ¿Qué es un sólido? ¿Cómo lo sabes? ¿Qué preguntas puedes hacer para descubrirlo? Intenta encontrar un líquido y un gas.

Lección 3   Los sólidos, los líquidos y los gases

Misión Control Lab

¿Cómo vas a clasificar sólidos, líquidos y gases?

Usa lo que aprendiste sobre la materia para clasificar distintos tipos de materia.

Materiales
- objetos (sólidos, líquidos y gases)
- tarjetas de fichero

Procedimiento

☐ 1. Mira los objetos.

☐ 2. Haz un plan para clasificar los objetos por tipo de materia.

☐ 3. Dibuja cómo clasificaste los objetos.

Práctica de ciencias

Tú **planeas y realizas investigaciones** para aprender sobre la materia.

Analizar e interpretar datos

4. **Observa** tu grupo más grande. Di cómo puedes hacer dos grupos más pequeños.

60 Tema 2 La materia

Observaciones

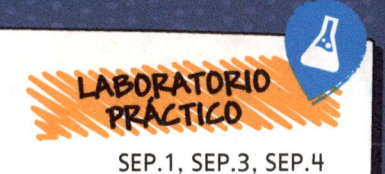

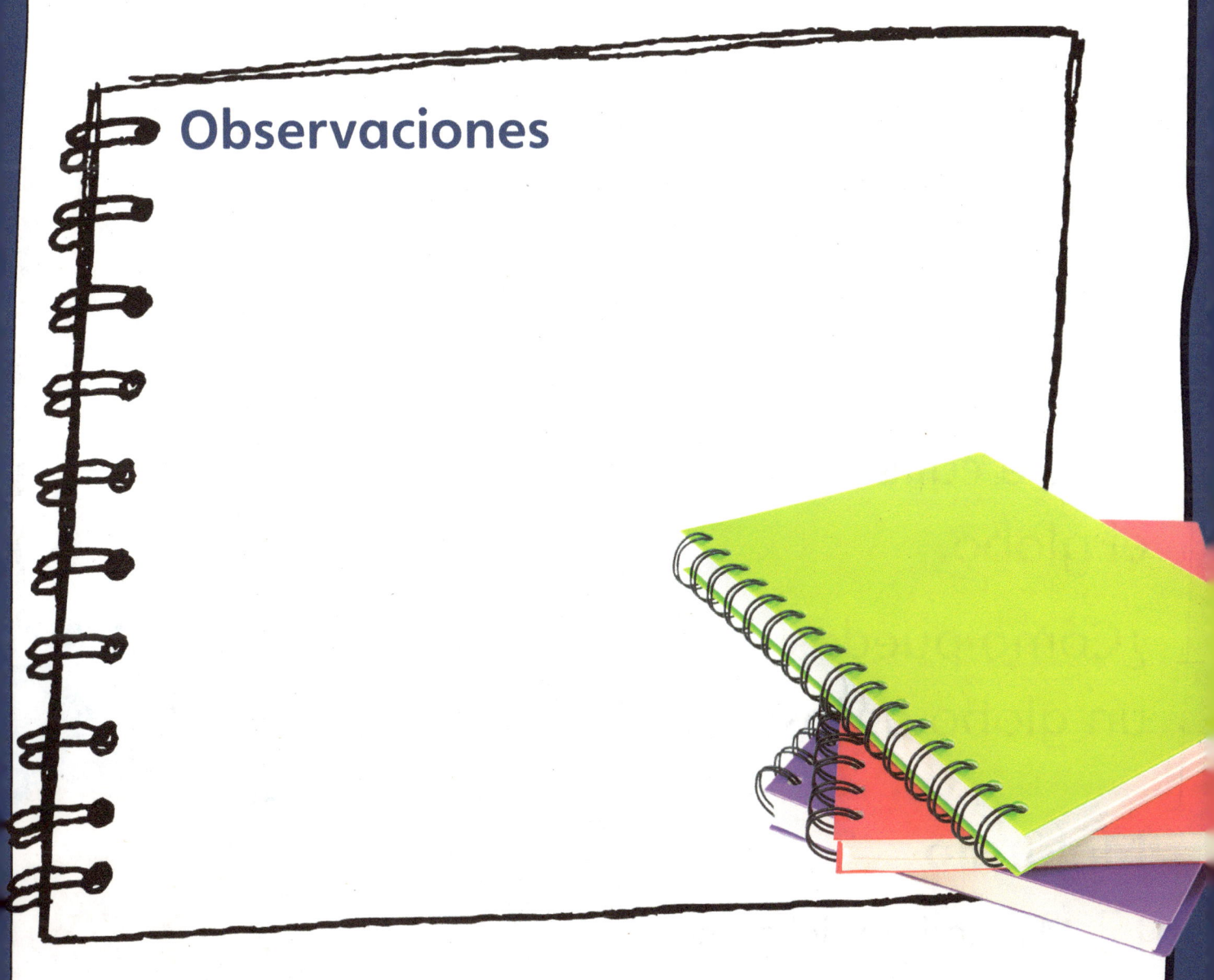

5. Imagina que tus grupos de objetos son centros de un salón de clases de ciencias. **Dile** a un compañero a qué centro vas a ir primero. ¿Por qué?

tú, Ingeniero Mejorar STEM

INTERACTIVITY
Conéctate en línea para aprender más sobre los globos aerostáticos.

¡A volar!

¿Viste un globo aerostático alguna vez? ¿Cómo funciona?

El piloto calienta el aire que está bajo el globo.

El aire caliente levanta el globo.

¿Cómo puedes mejorar un globo aerostático?

Mejóralo

☐ Mira la foto del globo.

☐ Busca la manera de que vuele más alto y más lejos.

globo

cuerdas

cesta

62 Tema 2 La materia

☐ Dibuja tu idea.

☐ Di cómo tu idea mejora
el globo aerostático.

tú, Ingeniero: Mejorar STEM

Misión Hallazgos

Un salón desordenado

¿Cómo podemos clasificar los objetos para guardarlos de manera segura?

INTERACTIVITY

Conéctate en línea para aprender más sobre cómo clasificar objetos para los centros.

Muestra lo que encontraste

Mira los objetos del salón de clases. Muestra las herramientas que puedes usar para guardarlos.

Mejóralo

Mira las herramientas que usas para alcanzar los estantes altos de tu salón de clases. ¿Cómo puedes mejorar una de ellas?

MISIÓN CUMPLIDA

Conexión con la Carrera

Maestro de ciencias

Los maestros de ciencias les muestran a los estudiantes cómo observar.

Les enseñan a hacer buenas preguntas.

Ayudan a buscar respuestas.

¡Los maestros de ciencias aman las ciencias!

¿Por qué crees que a los maestros de ciencias les gusta su trabajo?

Misión: Hallazgos

Evaluación

Pregunta esencial: ¿Cómo puedes clasificar diferentes objetos?

Muestra lo que aprendiste

Dile a un compañero cómo clasificar los objetos.

1. ¿Qué es verdad sobre la materia?
    a. No puede cambiar.
    b. Es lo que se ve y se oye.
    c. Ocupa espacio.
    d. Es una manera de poner a prueba tus ideas.

2. ¿Cuál de las opciones es un líquido?
    a. el aire
    b. un cepillo
    c. una pizza
    d. la pintura

3. ¿En qué se parecen todos los objetos de las fotos?

    a. mismo sonido

    b. mismo color

    c. mismo tamaño

    d. misma forma

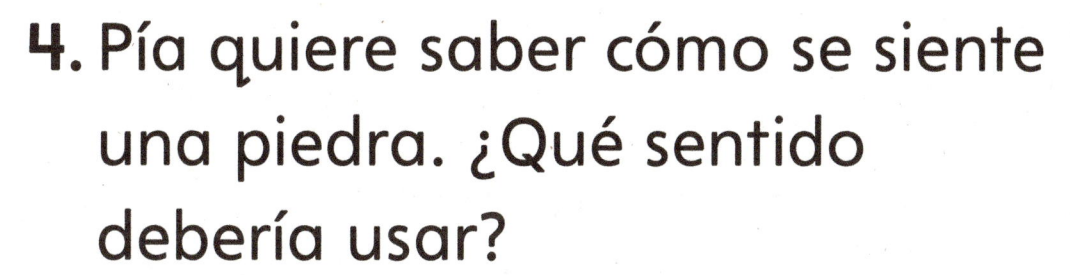

4. Pía quiere saber cómo se siente una piedra. ¿Qué sentido debería usar?

    a. el oído

    b. la vista

    c. el olfato

    d. el tacto

Evaluación

Evaluación basada en la evidencia

Lee esta situación y contesta las preguntas 1 a 4.

> Elsa ayudó a su mamá.
>
> Limpiaron el refrigerador.
>
> La mamá sacó la leche, el agua y el jugo.
>
> Los puso en el estante de arriba.
>
> Puso la carne y el queso en un cajón.
>
> Elsa olió una bolsa vieja de zanahorias.
>
> "¡Puaj!", dijo.
>
> No olían bien.
>
> Las desechó.
>
> Puso los otros vegetales en un canasto.

1. ¿Qué hicieron Elsa y su mamá?
   a. Se prepararon para cocinar.
   b. Desecharon comida.
   c. Buscaron algo.
   d. Clasificaron objetos.

2. ¿Qué sentido usó Elsa?

   a. el gusto

   b. el olfato

   c. el oído

   d. el tacto

3. ¿Adónde puso los líquidos la mamá de Elsa?

   a. con la carne y el queso

   b. en el estante de arriba

   c. junto a la canasta de vegetales

   d. debajo de la comida sólida

4. Todo lo que ocupa espacio es

   a. tamaño.

   b. un sólido.

   c. materia.

   d. cambio.

tú Demuestras... Lab

¿En qué es diferente uno de los objetos?

Usas los sentidos para observar. ¿En qué pueden ser diferentes los objetos?

Materiales
- objetos pequeños

Procedimiento

☐ 1. Escoge tres objetos. Decide en qué se parecen dos de los objetos.

☐ 2. Pide a un compañero que observe los objetos.

☐ 3. Pídele que diga por qué un objeto no corresponde.

☐ 4. Es el turno de tu compañero.

☐ 5. Dibuja o escribe tus observaciones.

Práctica de ciencias

Tú **haces preguntas** para descubrir cómo se usan los objetos.

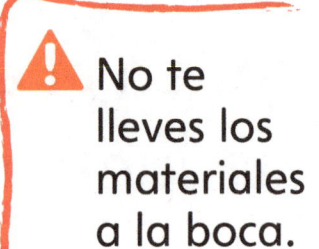

⚠️ No te lleves los materiales a la boca.

LABORATORIO PRÁCTICO

K-2-ETS1-1, SEP.1 SEP.3, SEP.4

Observaciones

¿En qué se parecen algunos objetos?	¿En qué se diferencia uno?

Analizar e interpretar datos

6. **Explicar** Di qué sentidos usaste.

túDemuestras: Lab

Tema 3
La luz solar

Lección 1 El Sol

Lección 2 La luz solar y la superficie de la Tierra

Estándares de Ciencias para la Próxima Generación
K-PS3-1 Hacer observaciones para determinar el efecto de la luz solar sobre la superficie de la Tierra.
K-PS3-2 Usar las herramientas y materiales provistos para diseñar y construir una estructura que reduzca el efecto de calentamiento de la luz solar en un área.

ASSESSMENT
VIDEO
eTEXT
INTERACTIVITY
SCIENCE SONG
GAME

El Texto en línea está disponible en español.

Pregunta esencial ¿Qué hace la luz solar en la Tierra?

Muestra lo que sabes

Di cómo muestra la foto que hace calor.

Tema 3 La luz solar

Misión Arranque

Refréscalo

¿Qué puedes diseñar para proteger a un perro de la luz solar?

¡Hola, soy el señor Henry! Soy arquitecto. Quiero construir una casita para mi perro, Sam. Necesito tu ayuda.

¿Cómo se puede refrescar Sam en los días soleados? Ayúdame a diseñar su casita. Busca ideas mientras lees. Sigue el camino. Haz los pasos para planear una casita de perro. Marca cada uno así MISIÓN CUMPLIDA ✓ .

Estándares de Ciencias para la Próxima Generación
K-PS3-1 Hacer observaciones para determinar el efecto de la luz solar sobre la superficie de la Tierra.
K-PS3-2 Usar las herramientas y materiales provistos para diseñar y construir una estructura que reduzca el efecto de calentamiento de la luz solar en un área.

Misión Control 1

Lección 1

Usa lo que aprendiste sobre el Sol para decir cómo puedes proteger al perro.

VIDEO
Ve un video sobre un arquitecto.

Misión Control: Lab 2

Lección 2

Aprendiste cómo el Sol calienta la Tierra. Prueba cómo los distintos materiales reducen los efectos de la luz solar.

Misión Hallazgos

Termina tu Misión. Busca una manera divertida de mostrar y comentar tu casita de perro.

Misión: Arranque 75

túConectas...Lab

LABORATORIO PRÁCTICO

K-PS3-1, SEP.3

¿Qué puedes observar acerca del Sol?

Los científicos observan usando los sentidos. ¿Cómo se siente la luz solar sobre tu cuerpo?

Materiales
- Tabla de luz solar

Procedimiento

☐ 1. Busca maneras de probar cómo se siente la luz solar.

☐ 2. Dile tus ideas a tu maestro antes de empezar.

☐ 3. Completa la tabla.

Práctica de ciencias

Tú **haces observaciones** cuando usas los sentidos.

⚠️ Nunca mires directamente al Sol.

Analizar e interpretar datos

4. **Explica** dónde sentiste más calor. Di por qué.

Tema 3 La luz solar

Conexión con la lectura

Pistas visuales

Los científicos hacen preguntas y buscan respuestas. A veces obtienen pistas en las imágenes.

GAME
Practica lo que aprendiste con los Mini Games.

Refréscate

El Sol les da calor a los animales. A veces les da demasiado calor.

✓ Revisar la lectura **Pistas visuales**

Mira las imágenes. Escribe la palabra que falta en cada oración.

1. Las cabras se _____ bajo el árbol.

2. La serpiente se calienta bajo el _____.

Conexión con la lectura 77

Lección 1
El Sol

VIDEO
Ve un video sobre el Sol.

Vocabulario
estrella

Puedo describir el Sol.

K-PS3-1

¡En marcha!

Mira la foto del bosque en un día soleado de invierno.

Eres la nieve. Actúa como si fueras la nieve bajo la luz solar.

túInvestigas...Lab

LABORATORIO PRÁCTICO

K-PS3-1, SEP.4

¿Qué puede hacer el Sol?

Los científicos analizan e interpretan datos para responder preguntas. Di cómo puedes usar los datos de esta tabla para responder a la pregunta "¿Qué puede hacer el Sol?".

Materiales
- cubos de hielo
- 2 recipientes

Procedimiento

☐ 1. Usa los materiales para mostrar qué puede hacer el Sol.

☐ 2. Anota tus datos en la tabla.

Práctica de ciencias

Compara los datos que reuniste en una tabla.

Recipiente	Sol	Sombra	¿Qué pasó?

Analizar e interpretar datos

3. **Explica** cómo usaste las observaciones para aprender sobre el Sol.

Lección 1   El Sol

El Sol y la Tierra

Una **estrella** es una bola grande y caliente de gas.

El Sol es una estrella.

El Sol le da luz a la Tierra.

El Sol le da calor a la Tierra.

Lectura
▶ **Herramientas**

Pistas visuales
Mira la foto. ¿Qué tipo de día ves? Di cómo lo sabes.

INTERACTIVITY

Aprende cómo el Sol parece moverse en el cielo.

El Sol es el objeto más grande que se ve en el cielo en el día.

El Sol es muy grande, pero se ve pequeño desde la Tierra.

Eso es porque el Sol está muy lejos.

Hacer preguntas ¿Qué te gustaría saber acerca del Sol? Escribe una pregunta.

_____
_____
_____

Misión Conexión

Di dos maneras en que una casita de perro puede proteger al perro del señor Henry.

Lección 1 El Sol 81

Misión Control

Refréscalo

Mira las partes de una casita de perro.

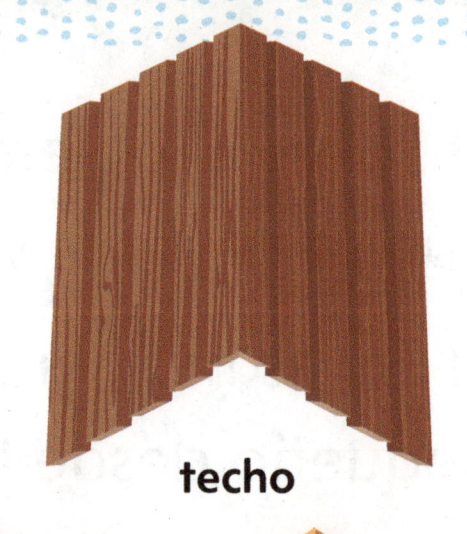

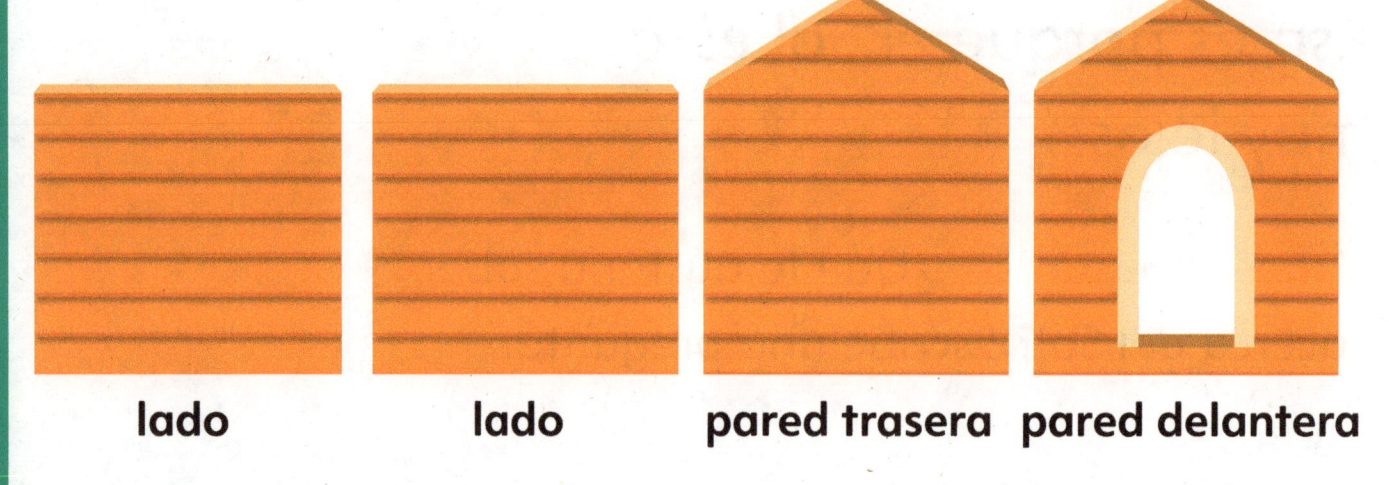

techo

lado · lado · pared trasera · pared delantera

Dibujar Dibuja un plano de tu casita de perro.

Copia los rótulos sobre cada parte.

Explica todas las partes.

MISIÓN CUMPLIDA

ciencia EXTREMA

Tormentas en el Sol

¡El Sol tiene tormentas! Esas tormentas pueden causar problemas en la Tierra. Tu computadora puede no funcionar. ¡Internet puede no funcionar!

Los científicos están tratando de resolver esos problemas. Tratan de predecir cuándo pueden llegar esas tormentas a la Tierra. Los científicos quieren que todos estén preparados.

tormenta solar

Describir ¿Cómo se ve una tormenta solar?

tú, Ingeniero · Hacer modelos · STEM

K-PS3-2

INTERACTIVITY

Conéctate en línea para aprender más sobre cómo resuelven problemas los ingenieros.

Días soleados

Es un día caluroso y soleado. ¡Tienes mucho calor! Tienes que hacer algo para protegerte la cabeza y la cara de la luz solar.

Haz un modelo

Mira a tu alrededor. Observa lo que hace sombra. Piensa en las siguientes preguntas. Respóndelas mientras haces tu modelo.

☐ ¿Qué puedes hacer para protegerte la cabeza de la luz solar?

☐ ¿Qué vas a usar para tapar la luz solar?

☐ ¿Qué materiales vas a necesitar?

1. Dibuja un plan.

2. Explica tu modelo.
   Di cómo funcionará al sol.

Lección 2
La luz solar y la superficie de la Tierra

Vocabulario

Tierra

Puedo observar cómo la luz solar calienta todo lo que está en la superficie de la Tierra.

K-PS3-1, K-PS3-2

¡En marcha!

Escoge un animal. Actúa como el animal al sol. Actúa como el animal a la sombra.

86 Tema 3 La luz solar

túInvestigas Lab

LABORATORIO PRÁCTICO
K-PS3-1, SEP.3

¿Qué objetos cambian al Sol?

¿Qué pasa cuando la luz solar brilla sobre los objetos de la Tierra?
¿Cómo descubrirlo?

Materiales
- Tabla de objetos al Sol

Materiales recomendados
- crayón
- plastilina
- cubo de hielo
- tela negra
- tela blanca
- objeto de metal
- objeto de madera
- bandejas de colores oscuros
- rocas
- arena
- tierra

Procedimiento

☐ 1. Escoge 3 objetos.

☐ 2. Haz un plan.

☐ 3. Muestra tu plan a tu maestro.

☐ 4. Observa lo que pasa.

☐ 5. Completa la Tabla de objetos al Sol.

Analizar e interpretar datos

6. **Explicar** Di en qué se parecen los objetos que cambiaron.

Práctica de ciencias

Tú **reúnes datos** cuando haces observaciones.

Lección 2 La luz solar y la superficie de la Tierra

El Sol calienta la Tierra

El Sol nos ayuda a estar vivos.

Calienta todo lo que hay en la Tierra.

La Tierra es el planeta en que vivimos.

✓ Revisar la lectura | **Pistas visuales**

Escribe una descripción para la foto. Di cómo el Sol calienta la Tierra.

VIDEO
Ve un video de la luz solar y la superficie de la Tierra.

El Sol calienta la tierra.

El Sol calienta el agua.

El Sol calienta el aire.

La tierra se enfría cuando no hay luz solar.

El agua se enfría cuando no hay luz solar.

El aire se enfría cuando no hay luz solar.

Práctica de ingeniería
▶ **Herramientas**

Planear una investigación
Párate junto a una ventana. Piensa en maneras de tapar la luz solar. Dile tus ideas a un compañero.

Identificar Completa la tabla. Nombra dos cosas que el Sol calienta en cada lugar.

Lo que calienta la luz solar sobre la Tierra		
En la tierra	En el agua	En el aire

Lección 2 · La luz solar y la superficie de la Tierra

La luz solar y la Tierra

La luz solar causa muchos cambios en la Tierra.

INTERACTIVITY
Aprende cómo el Sol cambia la temperatura en la Tierra.

☑ **Revisar la lectura** **Pistas visuales**
¿Qué pasa con el agua, las rocas y la arena cuando están al sol?

La luz solar calienta el agua.

La luz solar calienta la arena.

90 Tema 3 La luz solar

La luz solar calienta las rocas.

Misión Conexión

Di cómo la luz solar calienta todo lo que está sobre la Tierra.

La luz solar calienta el suelo.

Lección 2 La luz solar y la superficie de la Tierra

STEM Misión Control Lab

¿Cuál es el mejor material para hacer un techo?

¿Qué materiales reducen el calor que produce la luz solar?

Materiales recomendados
- termómetros
- hojas de plástico de envolver transparente
- hojas de papel de aluminio
- papel de lija
- pedazos de madera prensada
- cuadrados de lona

Probar tu diseño

☐ 1. Haz un plan para probar qué materiales reducen el calor que produce la luz solar. Usa el termómetro. Escoge tres materiales para construir tres techos.

☐ 2. Muestra tu plan a tu maestro.

☐ 3. Prueba los materiales.

Práctica de ciencias

Los ingenieros usan **herramientas** para resolver un problema.

LABORATORIO PRÁCTICO

K-PS3-1, K-PS3-2, SEP.3, SEP.6

Observaciones

Material	Tiempo al sol	Temperatura

Evaluar el diseño

4. Di qué materiales mantuvieron el termómetro más fresco.

5. Di qué materiales hicieron que el termómetro se calentara.

6. **Explicar** Dile a un compañero lo que aprendiste.

MISIÓN CUMPLIDA

93

Misión Hallazgos

INTERACTIVITY
Aplica lo que aprendiste en la Misión.

Refréscalo

¿Qué puedes diseñar para proteger a un perro de la luz solar?

¿Qué materiales y diseño vas a usar para la casita de Sam?

La casita tiene que refrescar a Sam cuando afuera esté caluroso y soleado.

Muestra lo que encontraste

Reúne los materiales y construye la casita de perro. Mira otras casitas. ¿Cómo puedes mejorar tu diseño?

MISIÓN CUMPLIDA

Conexión con la Carrera

Arquitecto

Los arquitectos planean edificios.

Dibujan los cuartos, las paredes y el techo de sus edificios.

Escogen los materiales que van a usar.

¿Y si todas las paredes de tu casa fueran de vidrio?

¿Te parece una buena idea? ¿Por qué?

Misión: Hallazgos

☑ **Evaluación**

Pregunta esencial ¿Qué hace la luz solar en la Tierra?

Muestra lo que aprendiste

Dile a un compañero lo que aprendiste sobre cómo el Sol calienta la Tierra.

1. ¿Qué es el Sol?
    a. una luna en el cielo en la noche
    b. un planeta en el cielo
    c. un objeto que está cerca de la Tierra
    d. una estrella en el cielo

2. ¿Qué recibimos del Sol?
    a. calor y luz
    b. comida y agua
    c. rayos calientes y fríos
    d. rocas y suelo

3. ¿Cuál es uno de los efectos de la luz solar sobre la Tierra?

   a. La luz solar trae nieve.

   b. La luz solar calienta la tierra.

   c. La luz solar trae aire frío.

   d. La luz solar hace crecer rocas.

4. ¿Por qué el Sol parece pequeño en el cielo?

   a. El Sol está más cerca de la Tierra que la Luna.

   b. La Luna y el Sol son del mismo tamaño.

   c. El Sol está lejos.

   d. El Sol es más pequeño que la Tierra.

☑ **Evaluación basada en la evidencia**

Lee y responde las preguntas 1 a 3.

Zac trabaja en un refugio de animales.

Los perros tienen un área de juegos al aire libre.

Pero hace mucho calor al sol.

¿Cómo refrescar a los perros en los días soleados?

Zac dibujó dos ideas que podrían ayudar.

1. ¿Qué idea funcionará mejor? Encierra la letra en un círculo.

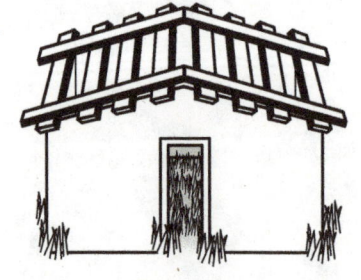

   a.   b.

2. ¿Qué intenta hacer Zac?

   a. impedir que se escapen los perros

   b. tener a los perros en un lugar seguro

   c. darles a los perros un lugar con sombra

   d. construir un lugar donde los perros puedan trepar

3. ¿Qué parte de esta perrera estará más fresca en un día soleado? Encierra la letra en un círculo.

Evaluación basada en la evidencia

tú Demuestras Lab

¿Dónde hace más calor?

Los científicos usan herramientas para hacer observaciones.

¿Cómo puedes usar un termómetro para hacer observaciones?

Materiales
- 2 termómetros

Práctica de ciencias

Tú puedes usar **herramientas** para hacer observaciones.

Procedimiento

☐ 1. Usa los termómetros para observar los efectos de la luz solar.

☐ 2. Haz un plan. Muéstraselo a tu maestro.

☐ 3. **Anota** tus observaciones.

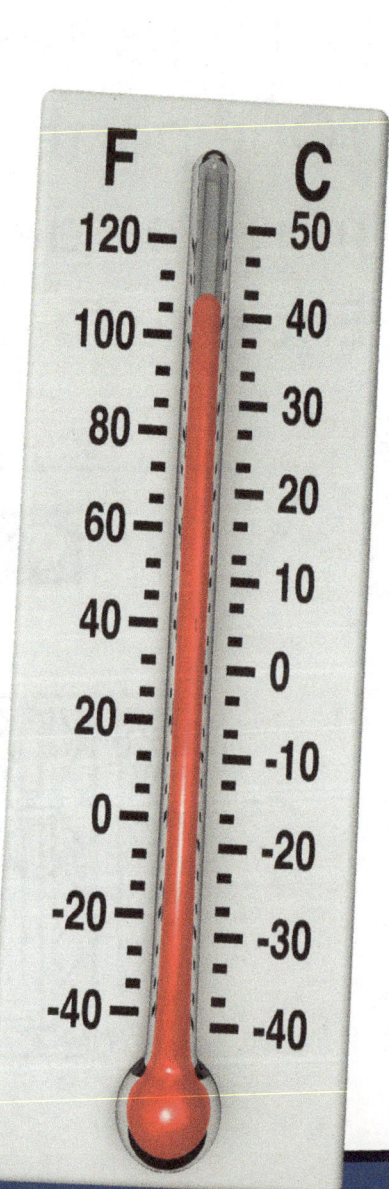

Tema 3 La luz solar

Observaciones

¿Más caliente o más fresco?			
Termómetro 1	Al principio	A la sombra	¿Más caliente o más fresco?
Termómetro 2	Al principio	Al sol	¿Más caliente o más fresco?

Analizar e interpretar datos

4. **Explicar** ¿Qué observas acerca de la luz solar?

5. **Explicar** ¿Qué puedes inferir de tus observaciones?

Tema 4

El estado del tiempo en la Tierra

Lección 1 Diferentes tipos de estado del tiempo
Lección 2 Patrones del estado del tiempo
Lección 3 Las estaciones
Lección 4 El tiempo severo

Estándares de Ciencias para la Próxima Generación
K-ESS2-1 Usar y compartir observaciones de las condiciones del tiempo locales para describir patrones a lo largo del tiempo. **K-ESS3-2** Hacer preguntas para obtener información acerca del propósito del pronóstico del tiempo para prepararse y responder al tiempo severo. **K-2-ETS1-1** Hacer preguntas y observaciones y reunir información acerca de una situación que las personas quieran cambiar, con el fin de definir un problema sencillo que se pueda resolver por medio del desarrollo de un objeto o una herramienta nueva o mejorada. **K-2-ETS1-2** Desarrollar un bosquejo, dibujo o modelo físico sencillo para ilustrar cómo la forma de un objeto ayuda a que funcione de la manera adecuada para resolver un problema determinado **K-2-ETS1-3** Analizar los datos de las pruebas de dos objetos diseñados para resolver el mismo problema, con el fin de comparar las fortalezas y debilidades del funcionamiento de cada uno.

- ASSESSMENT
- VIDEO
- eTEXT
- INTERACTIVITY
- SCIENCE SONG
- GAME

El Texto en línea está disponible en español.

Pregunta esencial

¿Cómo cambia el estado del tiempo?

Muestra lo que sabes

¿Qué estado del tiempo te gusta más? ¿Sabes qué lo causa? Dile a un compañero lo que sabes.

Tema 4 El estado del tiempo en la Tierra 103

Misión Arranque

Cazando tormentas

¿Cómo cambia el tiempo cuando se acerca una tormenta?

¡Hola! Soy la señorita López. Soy cazadora de tormentas. Sigo y estudio las tormentas. Nuestra ciudad va a tener un festival de verano. Queremos que la gente esté a salvo si hay una tormenta. Ayúdame a hacer un cartel de seguridad. El cartel tiene que decirles a las personas cómo mantenerse a salvo durante una tormenta. Sigue el camino. Marca cada actividad así MISIÓN CUMPLIDA ✓.

Misión Control 1

Lección 1
Usa lo que aprendiste sobre los tipos de estado del tiempo.

Estándares de Ciencias para la Próxima Generación
K-ESS2-1 Usar y compartir observaciones de las condiciones del tiempo locales para describir patrones a lo largo del tiempo. K-ESS3-2 Hacer preguntas para obtener información acerca del propósito del pronóstico del tiempo para prepararse y responder al tiempo severo.

VIDEO

Ve un video sobre un cazador de tormentas.

Misión Control 3

Lección 3 ◆

Aprende más sobre el estado del tiempo y las tormentas en distintas estaciones.

Misión Control: Lab 4

Lección 4 ▲

Haz una herramienta para medir el viento. Describe cómo cambia el viento. Di cómo las personas usan el viento para estudiar las tormentas.

Misión Control 2

Lección 2 ●

Observa el estado del tiempo. Predice patrones del estado del tiempo donde vives.

Misión Hallazgos

¡Completa la Misión! Haz un cartel de seguridad que les diga a las personas cómo mantenerse a salvo durante una tormenta.

Misión: Arranque

túConectas...Lab

LABORATORIO PRÁCTICO

K-ESS2-1, SEP.8

¿Cómo cambia el estado del tiempo?

¿Cómo puedes usar información sobre el estado del tiempo para planear tu día?

Materiales
- Hoja de pronóstico del tiempo en un día de escuela

Procedimiento

☐ 1. Mira la Hoja de pronóstico del tiempo en un día de escuela. Di cómo cambia la temperatura.

☐ 2. Observa la temperatura y el estado del tiempo. Anota tus datos.

Práctica de ciencias

Tú **obtienes información** para responder una pregunta científica.

Analizar e interpretar datos

3. **Informar** Di cómo cambia la temperatura durante el día.

4. Mira tus datos. Dile a un compañero lo que notas.

106 Tema 4 El estado del tiempo en la Tierra

Conexión con la lectura

Idea principal y detalles

La idea principal es de lo que tratan las oraciones. Los detalles comentan la idea principal.

🎮 **GAME**
Practica lo que aprendiste con los Mini Games.

Un día de tormenta

Había una gran tormenta. Las nubes eran muy oscuras. El viento soplaba muy fuerte. Llovía mucho. Había charcos por todas partes. ¡Qué tormenta!

☑ **Revisar la lectura** **Idea principal y detalles** Encierra en un círculo la idea principal. Subraya dos detalles por lo menos.

Lección 1
Diferentes tipos de estado del tiempo

▶ **VIDEO**
Ve un video sobre distintos tipos de estado del tiempo.

Vocabulario
nieve
temperatura

Puedo describir distintos tipos de estado del tiempo.

K-ESS2-1, K-ESS3-2

¡En marcha!

¿Cómo está el tiempo hoy? Dile a un compañero dos palabras que describan el estado del tiempo de hoy.

108 Tema 4 El estado del tiempo en la Tierra

túInvestigas Lab

LABORATORIO PRÁCTICO

K-ESS2-1, SEP.2, SEP.3, SEP.4

¿Cómo puedes hacer que llueva?

Muchas tormentas tienen lluvia. ¿Cómo puedes hacer un modelo de la lluvia?

Materiales
- frasco
- agua del grifo
- crema de afeitar
- agua de colores
- gotero o pipeta

Procedimiento

☐ 1. Llena alrededor de 2/3 del frasco con agua.

☐ 2. Pon crema de afeitar sobre el agua.

☐ 3. Pon varias gotas de agua de colores sobre la crema.

☐ 4. Dile a un compañero lo que observas.

Práctica de ciencias

Tú **haces y usas modelos** para explicar fenómenos.

Analizar e interpretar datos

5. **Explicar** ¿Por qué crees que llovió en el frasco? Díselo a un compañero.

Lección 1 Diferentes tipos de estado del tiempo 109

La temperatura

La **temperatura** nos dice cuánto calor o cuánto frío hace afuera.

Cuando afuera hace calor, puedes jugar en el agua.

Cuando afuera hace frío, te pones una chaqueta y un gorro.

> **Identificar** Subraya algo que puedes ponerte cuando hace frío.

calor

nieve

frío

Tema 4 El estado del tiempo en la Tierra

Soleado y sin sol

Algunos días, hay mucho sol.

Está soleado.

A veces, está nublado. No vemos el Sol.

Otros días, llueve. Si hace suficiente frío, nevará.

La **nieve** es agua congelada que cae del cielo.

INTERACTIVITY

Conéctate en línea para aprender más sobre cómo puede cambiar el estado del tiempo.

día soleado

día nublado

día lluvioso

Misión Conexión

¿Qué dice la señorita López sobre cuándo puede nevar?

Lección 1 Diferentes tipos de estado del tiempo   111

El viento

El viento es aire en movimiento.

Algunos días, hay mucho viento.

Otros días, hay poco viento.

Puede haber viento en un día soleado.

Puede haber viento en un día de lluvia.

Puede haber viento en un día de nieve.

Lectura
▶ Herramientas

Idea principal y detalles La idea principal es de lo que trata el texto. Este texto trata del viento. Los detalles cuentan más sobre la idea principal. Subraya dos detalles.

Misión Control

Palabras sobre el estado del tiempo

Las fotos muestran distintos tipos de estado del tiempo.

Une cada palabra con la foto correcta.

soleado   nublado   lluvioso

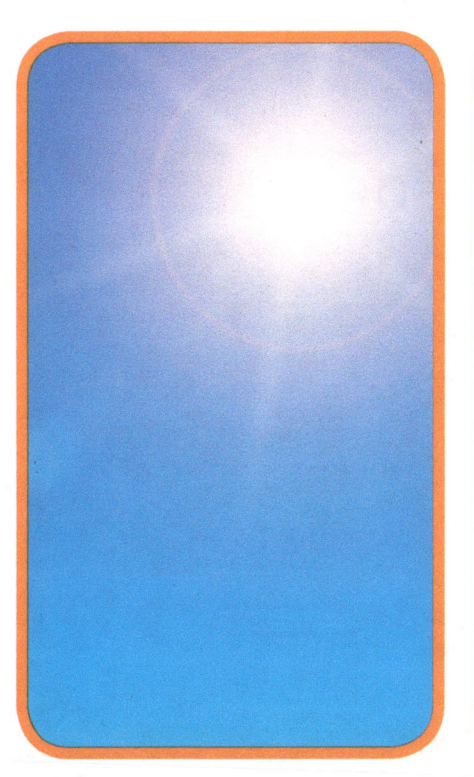

MISIÓN CUMPLIDA

113

tú, Ingeniero — Construir — STEM

K-2-ETS1-1, K-2-ETS1-2, K-2-ETS1-3

¡No te vueles!

INTERACTIVITY

Conéctate en línea para aprender más sobre cómo resolver problemas de diseño.

Algunas personas ponen una carpa cuando van al parque o a la playa. Eso las protege del Sol. El viento puede tumbar la carpa. ¡Hasta puede llevársela volando!

¿Puedes construir una carpa que no se vuele?

Constrúyelo

☐ Decide qué materiales usar.

114 Tema 4 El estado del tiempo en la Tierra

☐ Decide qué hará cada material. Usa la tabla como ayuda para hacer el plan.

☐ Construye la carpa.

☐ Prueba tu carpa usando un ventilador.

Observaciones

Material	Qué hará

¿Qué pasó cuando probaste tu carpa?

_____

_____

Dile a un compañero cómo puedes mejorar tu carpa.

tú, Ingeniero: Construir STEM 115

Lección 2

Patrones del estado del tiempo

INTERACTIVITY

Conéctate en línea para aprender más sobre los patrones del estado del tiempo.

Vocabulario

patrón

Puedo observar que el estado del tiempo cambia día a día.

Puedo observar patrones en el estado del tiempo.

K-ESS2-1, K-2-ETS1-2

¡En marcha!

Representa algunas cosas que puedes hacer cuando llueve.

túInvestigas...Lab

LABORATORIO PRÁCTICO

K-ESS2-1, K-2-ETS1-2, SEP.3, SEP.4

¿Cómo puedes recolectar agua de lluvia?

¿Cómo puedes medir cuánta lluvia cayó?

Materiales
- botellas de plástico de 2 litros
- piedritas
- agua
- Hoja de recolección de lluvia

Procedimiento

☐ 1. Usa los materiales.

☐ 2. Haz un colector de agua de lluvia. Haz marcas de medidas.

☐ 3. Pon el colector de lluvia afuera. Anota tus datos en la Hoja de recolección de lluvia.

Práctica de ciencias

Tú puedes **diseñar una solución** para responder una pregunta o resolver un problema.

Analizar e interpretar datos

4. **Registrar** Contesta las preguntas de la Hoja de recolección de lluvia.

Lección 2 Patrones del estado del tiempo

117

Sol o lluvia

El estado del tiempo tiene patrones.

Un **patrón** es algo que pasa una y otra vez.

Un día puede llover.

Al día siguiente, puede estar soleado.

Al día siguiente, puede nublarse otra vez.

☑ **Revisar la lectura** **Idea principal y detalles** Subraya la idea principal de esta página.

Conceptos transversales
▸ Herramientas

Patrones Mira el pronóstico del tiempo. ¿Qué patrón del estado del tiempo ves?

Lunes

Martes

Miércoles

118 Tema 4 El estado del tiempo en la Tierra

Tiempo caluroso o frío

En general, hace calor durante algunos meses del año.

Otros meses, hace más frío.

Durante algunos meses, no hace mucho calor ni mucho frío.

INTERACTIVITY

Conéctate en línea para aprender más sobre cómo se registra el estado del tiempo.

Misión Conexión

Di cómo usa patrones la señorita López para predecir la temperatura.

Lección 2 Patrones del estado del tiempo

El estado del tiempo en distintos lugares

En distintos lugares, hay distintos estados del tiempo.

En algunos lugares hace calor todo el año.

En algunos lugares llueve más que en otros.

En algunos lugares nieva casi todo el año.

Comprensión visual Las dos fotos son del mismo día. Comenta en qué se diferencian los estados del tiempo de estos dos lugares.

Tema 4 El estado del tiempo en la Tierra

Misión Control

Predice el estado del tiempo

1. Completa la tabla. ¿Cuál será el estado del tiempo en distintos meses?

Dónde vivo
_____
_____

	Ejemplo	Ahora	En un mes	En dos meses
Mes	enero			
Temperatura	fría			
Tipos de estado del tiempo	nieve, hielo			
Cosas que hacen las personas	andar en trineo			

2. ¿Cuál crees que será el estado del tiempo en cuatro meses?
_____
_____

MISIÓN CUMPLIDA

121

Lección 3

Las estaciones

VIDEO
Ve un video sobre las estaciones.

Vocabulario
estación

Puedo describir las estaciones.

K-ESS2-1

¡En marcha!

Piensa en tu estación favorita. Dile a un compañero algunas de las cosas que te gusta hacer en esa estación.

122 Tema 4 El estado del tiempo en la Tierra

… túInvestigas…Lab

LABORATORIO PRÁCTICO

K-ESS2-1, SEP.4

¿Cómo es el estado del tiempo en las distintas estaciones?

¿Cómo cambia el estado del tiempo en las distintas estaciones?

Materiales
- 4 tarjetas de fichero

Procedimiento

☐ 1. Haz un dibujo de una estación en una tarjeta.

☐ 2. Escribe palabras sobre esa estación en la parte de atrás de la tarjeta.

☐ 3. Haz una tarjeta para cada estación.

Práctica de ciencias

Cuando **comparas y contrastas**, dices en qué se parecen y en qué se diferencian las cosas.

Analizar e interpretar datos

4. **Compara** tus tarjetas. Di en qué se parecen y en qué se diferencian.

Lección 3 Las estaciones

Distintas estaciones

En muchas partes del mundo hay cuatro **estaciones**.

Cada estación tiene un estado del tiempo distinto.

> **Matemáticas**
> ▶ Herramientas
>
> **Medir** Puedes usar muchas herramientas para medir cuánta nieve cae. Nombra algunas herramientas que podrías usar.

En invierno, hace frío.
Los árboles no tienen hojas.

☑ **Revisar la lectura** **Idea principal y detalles** Encierra en un círculo un detalle sobre algo que pasa en primavera.

En otoño, se pone más fresco.
Las hojas caen de los árboles.

INTERACTIVITY

Conéctate en línea para aprender más sobre cómo cambia el estado del tiempo con las estaciones.

En primavera, se pone más templado.
Las plantas empiezan a crecer.

Misión Conexión

Escoge una foto. Di cómo podría la señorita López describir el estado del tiempo que se ve en esa foto.

En verano, hace calor.
Las plantas siguen creciendo.

Lección 3 Las estaciones 125

Misión Control

Cambios estacionales

Escoge una estación. Dibuja una escena de esa estación. Dibuja hojas en el árbol según corresponda para esa estación. Rotula la estación.

Explicar Comenta con un compañero el estado del tiempo en esa estación.

126 MISIÓN CUMPLIDA

ciencia EXTREMA

Tormenta eléctrica con nieve

¡Bum! ¿Qué fue eso? ¿Truenos durante una tormenta de nieve?

A veces oyes truenos y ves relámpagos cuando llueve.

A veces hay truenos y relámpagos cuando nieva.

Afuera hace frío.

Es una tormenta eléctrica con nieve.

Explicar Di en qué se diferencia una tormenta eléctrica con nieve de una tormenta eléctrica común.

Ciencia extrema 127

Lección 4

El tiempo severo

VIDEO
Ve un video sobre las tormentas.

Vocabulario

tormenta eléctrica
tornado
huracán

Puedo entender por qué es importante prepararse para el tiempo severo.

K-ESS2-1, K-ESS3-2, K-2-ETS1-2

¡En marcha!

Algunos científicos nos dicen cuándo va a haber una tormenta fuerte. ¿Qué les preguntarías a esos científicos?

128 Tema 4 El estado del tiempo en la Tierra

túInvestigas...Lab

¿Cómo se ve una tormenta?

¿Cómo puedes hacer un modelo de una tormenta?

LABORATORIO PRÁCTICO

K-ESS3-2, SEP.2, SEP.8

Materiales
- frasco con tapa
- detergente
- agua
- vinagre
- purpurina

Procedimiento

☐ 1. Pon todos los materiales en el frasco.

☐ 2. Haz girar el frasco. Observa lo que pasa. Dibuja lo que ves en una hoja de papel.

Práctica de ciencias

Tú usas **modelos** para averiguar cómo pasa algo en la vida real.

Analizar e interpretar datos

3. **Explicar** ¿Qué pasó con la purpurina cuando hiciste girar el frasco?

_____
_____

Lección 4 El tiempo severo 129

Tormentas eléctricas y tornados

Una **tormenta eléctrica** es una tormenta con relámpagos, truenos y lluvia.

Algunas tormentas eléctricas hacen tornados.

Un **tornado** es un tipo de tormenta.

Tiene vientos muy fuertes que giran en círculo.

Los vientos pueden levantar cosas y moverlas.

tornado

Explicar ¿Por qué puede levantar cosas un tornado?

tormenta eléctrica

Huracanes

Los **huracanes** son grandes tormentas que se forman sobre el mar.

Pueden llegar a la tierra.

Tienen vientos fuertes y mucha lluvia.

Los huracanes pueden durar muchos días.

huracán

Misión Conexión

Di por qué la señorita López quiere avisarles a las personas cuando se acerca un huracán.

Prepárate

Las tormentas pueden ser peligrosas.

La electricidad puede dejar de funcionar. Los árboles pueden caerse.

Las personas deben tener linternas y pilas.

Deben buscar refugio cuando hay tormenta.

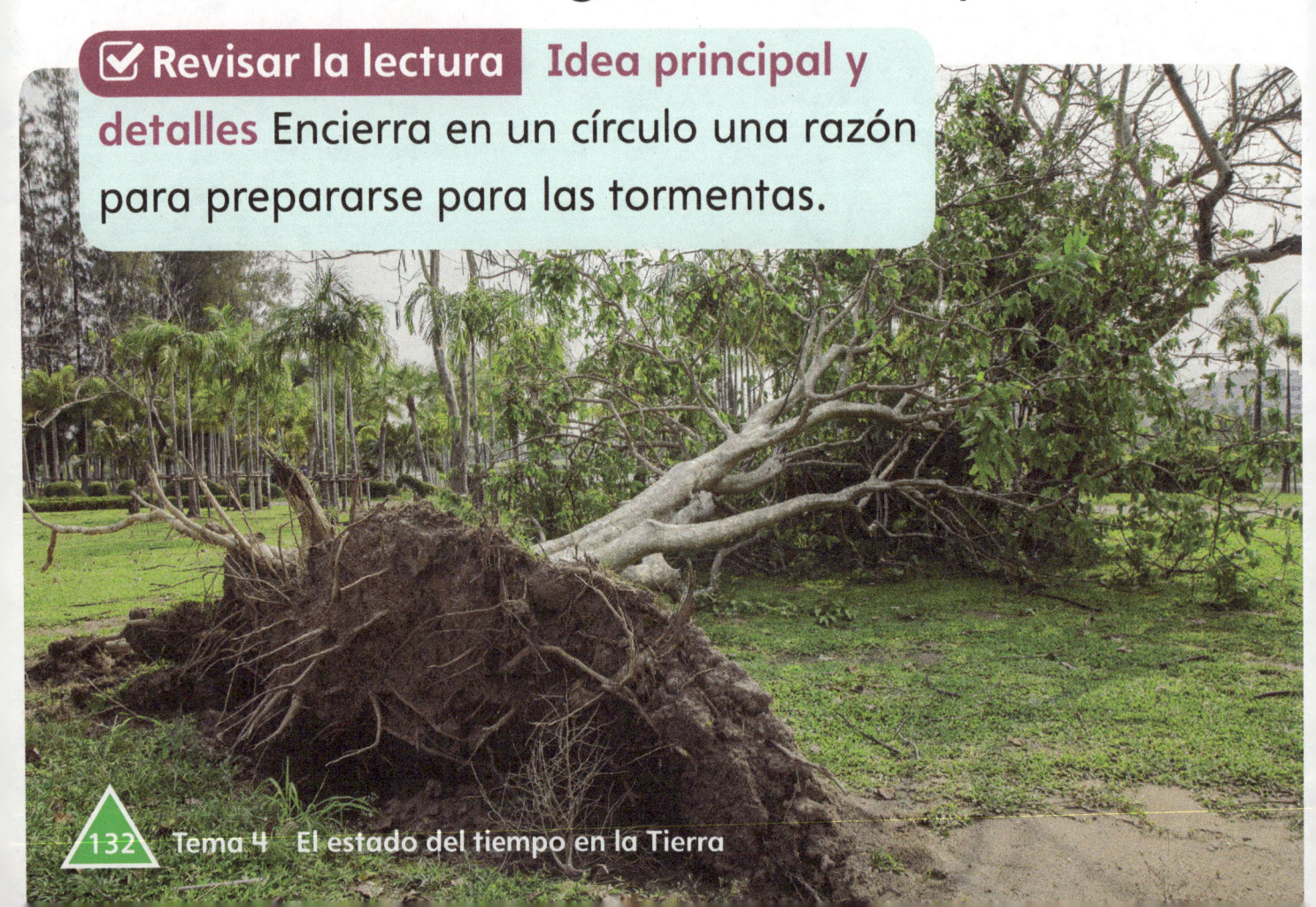

INTERACTIVITY

Conéctate en línea para aprender más sobre las herramientas que usan los científicos para predecir el estado del tiempo.

☑ **Revisar la lectura** **Idea principal y detalles** Encierra en un círculo una razón para prepararse para las tormentas.

Vigilar el tiempo

Los científicos tienen herramientas para saber cuándo habrá una tormenta.

Pueden vigilar cómo se mueven las tormentas.

Pueden avisar a las personas por televisión o por radio.

Pueden enviar mensajes a los teléfonos celulares.

Conceptos transversales
► Herramientas

Causa y efecto
Una causa es por qué pasa algo. Un efecto es lo que pasó. Comenta con un compañero algunos efectos de las tormentas.

Lección 4 El tiempo severo

Misión Control Lab

¿Cómo se *mueve* el viento?

Materiales
- molinete
- ventilador eléctrico

Los cazadores de tormentas miden el estado del tiempo. ¿Cómo puedes medir el viento?

Práctica de ciencias

Tú *haces y usas modelos* para estudiar fenómenos.

Procedimiento

⚠️ **No metas nada en el ventilador.**

☐ 1. Usa los materiales. Reúne datos sobre el viento.

☐ 2. Haz un plan. Muéstraselo a tu maestro.

☐ 3. Anota tus observaciones en la tabla.

Tema 4 El estado del tiempo en la Tierra

Velocidad del ventilador	Qué pasó
Baja	
Alta	

Analizar e interpretar datos

4. **Describir** ¿Qué pasó cuando cambió la velocidad del ventilador?

5. **Aplicar** ¿Cómo puedes usar la herramienta para advertir a las personas de una tormenta?

Misión Hallazgos

INTERACTIVITY

Conéctate en línea para aprender más sobre el tiempo severo.

Cazando tormentas

¿Cómo cambia el tiempo cuando se acerca una tormenta?

Tu ciudad planea un festival al aire libre. Puede haber tiempo severo. Haz un cartel de seguridad. Incluye preguntas que tienen las personas sobre el tiempo severo. Muestra lo que pueden hacer las personas para mantenerse a salvo.

Muestra lo que encontraste

Dile a un compañero algo que deberíamos poner en un cartel de seguridad para advertir a las personas sobre las tormentas.

MISIÓN CUMPLIDA

Conexión con la Carrera

Cazador de tormentas

Los cazadores de tormentas estudian las tormentas. Algunos hablan sobre el tiempo en televisión. Otros toman fotos de tormentas.

Algunos se meten en los huracanes volando en avión.

¿Qué clase de tormenta estudiarías tú?

Misión: Hallazgos

Evaluación

Pregunta esencial ¿Cómo cambia el estado del tiempo?

Dile a un compañero lo que aprendiste sobre cómo puede cambiar el estado del tiempo.

1. ¿Qué palabra describe algo que pasa una y otra vez?
   a. patrón
   b. tiempo
   c. estación
   d. tabla

2. ¿Qué puede caer cuando hace tanto frío que el agua se congela?
   a. lluvia
   b. viento
   c. nieve
   d. hojas

Tema 4 El estado del tiempo en la Tierra

3. ¿En qué estación se caen las hojas de los árboles?

   a. invierno
   b. primavera
   c. otoño
   d. verano

4. Mira el pronóstico del tiempo. Luego, completa la tabla.

Domingo	Lunes	Martes

¿Cuántos días tienen sol?	
¿Cuántos días tienen lluvia?	

Evaluación 139

Evaluación basada en la evidencia

Lee la situación y responde las preguntas.

Akiko se despierta por la mañana y va a la escuela. Tiene que ponerse una chaqueta. Durante el recreo, no necesita la chaqueta. Nota lo mismo al día siguiente.

Cuando vuelve a su casa, ve el pronóstico del tiempo en televisión.

Viernes	Sábado	Domingo
33 °C	33 °C	25 °C

1. ¿Cómo cambió el estado del tiempo entre la mañana y la hora del recreo?

   _____

2. ¿Cuántos días del pronóstico del tiempo muestran tiempo caluroso?

   a. 0   **b.** 1

   c. 2   **d.** 3

3. Nombra algo que Akiko puede ponerse el domingo para salir.

   _____

4. ¿Cómo cambiará el estado del tiempo entre el viernes y el domingo?

   a. Se pondrá caluroso.

   b. Habrá lluvia.

   c. Se nublará.

   d. Habrá una tormenta.

Evaluación basada en la evidencia

tú Demuestras Lab

¿Cómo está el tiempo?

Los científicos registran el estado del tiempo cada día. Eso los ayuda a aprender cómo cambia el tiempo. Tú también puedes hacerlo.

Materiales
- Hoja de datos del estado del tiempo
- crayones

Procedimiento

☐ 1. **Observa** el estado del tiempo cada día.

☐ 2. **Anota** tus observaciones en la Hoja de datos del estado del tiempo. Haz dibujos o usa palabras para describir el estado del tiempo.

Práctica de ciencias

Tú **observas** para identificar patrones.

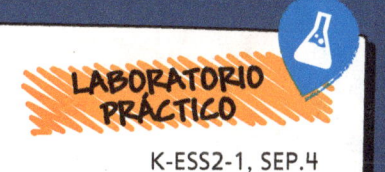

Analizar e interpretar datos

3. ¿Qué patrón notaste en tus observaciones?

4. Compara tus observaciones con las de un compañero. ¿Qué notas?

5. ¿En qué serían diferentes tus observaciones si hubieras observado el estado del tiempo en otra estación?

Tema 5
Las necesidades de los seres vivos

Lección 1 Las necesidades de las plantas
Lección 2 Las necesidades de los animales
Lección 3 Las necesidades de las personas
Lección 4 Los ciclos de vida

Estándares de Ciencias para la Próxima Generación
K-LS1-1 Usar las observaciones para describir patrones de lo que las plantas y los animales (incluyendo a los seres humanos) necesitan para sobrevivir.
K-2-ETS1-1 Hacer preguntas y observaciones y reunir información acerca de una situación que las personas quieran cambiar, con el fin de definir un problema sencillo que se pueda resolver por medio del desarrollo de un objeto o una herramienta nueva o mejorada. **K-2-ETS1-2** Desarrollar un bosquejo, dibujo o modelo físico sencillo para ilustrar cómo la forma de un objeto ayuda a que funcione de la manera adecuada para resolver un problema determinado.

ASSESSMENT

VIDEO

eTEXT

INTERACTIVITY

SCIENCE SONG

GAME

El Texto en línea está disponible en español.

Pregunta esencial ¿Qué necesitan las plantas y los animales para sobrevivir?

Muestra lo que sabes

Encierra en un círculo las cosas que las plantas y los animales necesitan para vivir.

145

Misión Arranque

¡Construyamos un parque!

¿Qué necesitan las plantas y los animales para vivir en un parque?

Soy la señorita Chen. Soy bióloga de la vida silvestre. La ciudad está construyendo un parque nuevo. Ayúdame a hacer un libro que muestre las cosas que necesitan las plantas y los animales para vivir en el parque. Sigue el camino. Haz los pasos. Marca cada uno así MISIÓN CUMPLIDA .

Misión Control 1

Lección 1

Muestra lo que necesitan las plantas para vivir en el parque.

Estándar de Ciencias para la Próxima Generación
K-LS1-1 Usar las observaciones para describir patrones de lo que las plantas y los animales (incluyendo a los seres humanos) necesitan para sobrevivir.

Misión Control 3

Lección 3 ◆

Di qué necesitarán las personas para poder pasar un día en el parque.

▶ **VIDEO**
Ve un video sobre un biólogo de la vida silvestre.

Misión Control: Lab 4

Lección 4 ▲

Aprende qué necesitan las orugas para vivir, para que haya hermosas mariposas en el parque.

Misión Control 2

Lección 2 ●

Identifica qué necesitan para vivir los peces koi de un estanque.

Misión Hallazgos

¡Completa la Misión! Haz un dibujo de cómo debe verse el parque para que las plantas y los animales puedan vivir en él.

Misión: Arranque   147

túConectas...Lab

LABORATORIO PRÁCTICO

K-LS1-1, SEP.4

¿Qué pasa si las plantas no obtienen lo que necesitan?

¿Qué observaciones puedes hacer para responder la pregunta del título?

Práctica de ciencias

Tú **haces observaciones** para responder una pregunta científica.

Procedimiento

☐ 1. **Observa** las fotos de las plantas.

☐ 2. Anota tus observaciones.

Analizar e interpretar datos

3. **Evaluar** ¿Qué planta obtiene lo que necesita? Dile a un compañero.

túConectas...Lab

148   Tema 5   Las necesidades de los seres vivos

Conexión con la lectura

Parecidos y diferentes

Los biólogos de la vida silvestre observan a los animales. Lee en qué son parecidos y diferentes los gatos grandes y los gatos caseros.

GAME
Practica lo que aprendiste con los Mini Games.

Gatos grandes y gatos caseros

Los gatos grandes y los gatos caseros necesitan comida y agua. Los gatos grandes, como los tigres, deben buscarse la comida y el agua. Los gatos caseros reciben la comida y el agua de sus dueños.

gato casero

☑ Revisar la lectura   Parecidos y diferentes
Encierra en un círculo algo en que los tigres y los gatos caseros se parecen. Subraya una diferencia.

tigre

Conexión con la lectura 149

Lección 1

Las necesidades de las plantas

VIDEO
Conéctate en línea para ver un video sobre cómo las plantas usan el aire, el agua y la luz solar para crecer.

Vocabulario

sobrevivir
patrón

Puedo decir qué necesitan las plantas para sobrevivir.

K-LS1-1

¡En marcha!

¿Cómo obtiene lo que necesita un girasol? Actúalo.

150 Tema 5 Las necesidades de los seres vivos

túInvestigas Lab

LABORATORIO PRÁCTICO

K-LS1-1, SEP.4

¿Cómo obtienen agua las plantas?

Los biólogos de la vida silvestre observan las plantas. ¿Cómo puedes observar cómo obtiene agua una planta?

Materiales
- claveles blancos
- agua
- colorante vegetal
- recipiente transparente
- Hoja de flores de colores
- crayones

Procedimiento

☐ 1. Haz un plan para mostrar cómo se mueve el agua por una planta.

☐ 2. Predice lo que pasará cuando pongas la planta en el agua.

☐ 3. **Observa** la flor. Anota tus observaciones en la Hoja de flores de colores.

Práctica de ciencias

Tú **analizas datos** cuando anotas tus observaciones.

Analizar e interpretar datos

4. **Usar datos** Di cómo se mueve el agua por las plantas.

Lección 1 Las necesidades de las plantas

151

Las plantas necesitan luz

Sobrevivir quiere decir vivir. Las plantas necesitan luz solar para vivir y crecer.

La luz solar ayuda a las plantas a hacer comida.

Las plantas no necesitan obtener su comida en otra parte.

Conceptos transversales
▸ **Herramientas**

Patrones Un **patrón** es algo que se repite una y otra vez. ¿Qué patrón notas en lo que necesitan las plantas?

Las plantas necesitan aire

Las plantas necesitan aire para sobrevivir.

Los gases del aire ayudan a las plantas a hacer comida.

INTERACTIVITY

Conéctate en línea para aprender más sobre qué necesitan las plantas.

Identificar Encierra en un círculo dos cosas que necesitan las plantas.

Las plantas necesitan agua

Las plantas necesitan agua.

El agua ayuda a las plantas a hacer su comida.

El agua puede venir de la lluvia.

El agua también puede venir de las personas.

Lectura ▸ Herramientas

Parecidos y diferentes Encierra en un círculo una oración que dice en qué se parecen las plantas.

Misión Conexión

Dile a un compañero dos cosas que la señorita Chen debería poner en el libro.

Tema 5 Las necesidades de los seres vivos

Misión Control

Cuidar las plantas del parque

Mira las cosas que podría haber en el parque.

Identificar Encierra en un círculo las cosas que las plantas necesitarán para sobrevivir.

Evaluar Haz una **X** sobre las cosas que las plantas no necesitan para sobrevivir.

MISIÓN CUMPLIDA

155

Lección 2

Las necesidades de los animales

VIDEO
Conéctate en línea para aprender más sobre los tipos de comida que comen los animales.

Vocabulario
branquias

Puedo decir qué necesitan los animales para sobrevivir.

K-LS1-1, K-2-ETS1-2

¡En marcha!

Piensa en un oso. ¿Qué necesitará un oso para vivir? Dile a un compañero.

156 Tema 5 Las necesidades de los seres vivos

tú Investigas Lab

LABORATORIO PRÁCTICO

K-LS1-1, SEP.2

¿Qué patas lo hacen mejor?

Los animales necesitan sus patas para moverse y conseguir comida. ¿Cómo puedes hacer un modelo de las patas de un animal?

Materiales
- fieltro
- cartulina
- cartón
- cinta adhesiva
- pegamento
- crayones
- tijeras
- limpiapipas

Procedimiento

☐ 1. Mira cómo las patas ayudan a un animal.

☐ 2. Haz un plan para hacer un modelo de las patas de un animal.

☐ 3. Construye el modelo.

Práctica de ciencias

Tú usas modelos para aprender cómo funcionan las cosas.

⚠ ¡Ten cuidado con las tijeras!

Analizar e interpretar datos

4. **Explicar** ¿Cómo usa sus patas tu animal? Dile a un compañero.

Lección 2 Las necesidades de los animales 157

Los animales necesitan comida

Los animales necesitan comida para sobrevivir.

Los animales no pueden hacer su propia comida.

Necesitan comer plantas u otros animales.

Identificar Haz una X sobre una foto de algo que come un animal.

Matemáticas
▶ Herramientas

Contar ¿Cuántos de estos animales comen plantas? ¿Cuántos animales comen animales?

158 Tema 5 Las necesidades de los seres vivos

Los animales necesitan agua

Los animales necesitan agua para sobrevivir.

Los animales pueden obtener agua de muchos lugares.

Pueden obtener agua de la lluvia, los charcos y los ríos.

Las personas dan agua a los animales.

INTERACTIVITY

Conéctate en línea para aprender más sobre las cosas que necesitan los animales.

Misión Conexión

¿Qué debería poner en el libro de los animales la señorita Chen? Di cómo lo sabes.

Lección 2 Las necesidades de los animales

Los animales necesitan aire

Los animales necesitan aire para sobrevivir.

Algunos animales obtienen aire por la nariz y la boca.

Los lobos usan la nariz y la boca para obtener aire.

Los peces toman aire por las branquias.

Con las branquias, los peces toman el aire del agua.

☑ Revisar la lectura Parecidos y diferentes Encierra en un círculo las palabras que dicen en qué se diferencian los peces y los lobos.

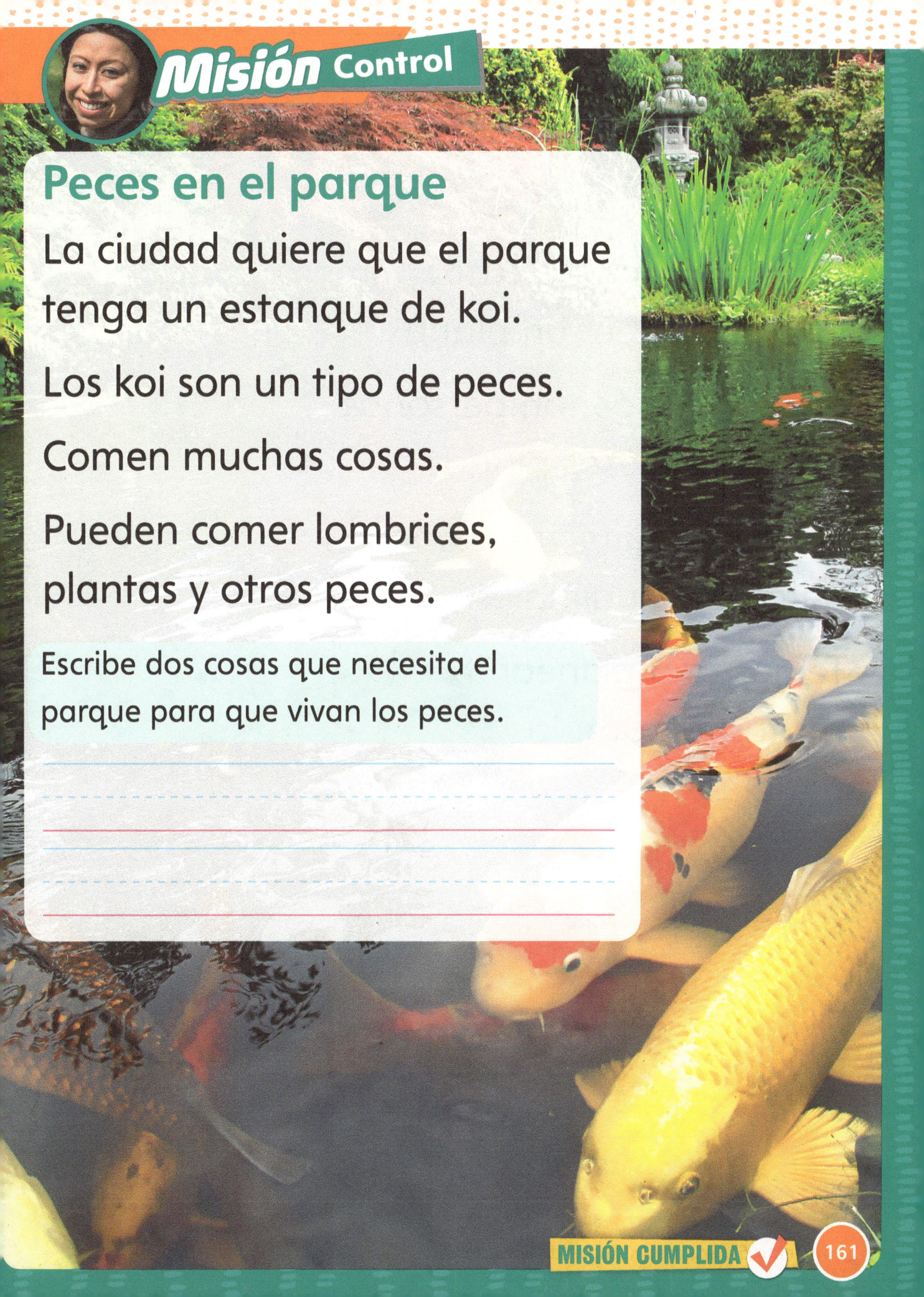

Misión Control

Peces en el parque

La ciudad quiere que el parque tenga un estanque de koi.

Los koi son un tipo de peces.

Comen muchas cosas.

Pueden comer lombrices, plantas y otros peces.

Escribe dos cosas que necesita el parque para que vivan los peces.

MISIÓN CUMPLIDA

tú, Ingeniero Diseñar STEM

K-2-ETS1-1, K-2-ETS1-2, SEP.1, SEP.6

INTERACTIVITY

Conéctate en línea para aprender más sobre cómo construir refugios para animales.

¡Hace frío afuera!

Para construir una casa, primero tiene que haber un plano.

Los arquitectos son personas que dibujan esos planos.

Algunos arquitectos planean casitas para animales.

¿Te gustaría planear una casita para animales?

Tema 5 Las necesidades de los seres vivos

Diséñalo

Los pájaros pueden tener frío en invierno.
Planea una casita para abrigar a los pájaros.

- ☐ Decide qué materiales vas a usar por fuera y por dentro.

- ☐ Dibuja cómo debería verse la casita.

Lección 3
Las necesidades de las personas

VIDEO
Conéctate en línea para ver un video sobre las cosas que las personas necesitan para vivir.

Vocabulario
refugio

Puedo decir qué necesitan las personas para sobrevivir.
K-LS1-1

¡En marcha!

¿Cómo te sientes cuando no comes hace mucho? Actúalo.

164 Tema 5 Las necesidades de los seres vivos

túInvestigas Lab

LABORATORIO PRÁCTICO

K-LS1-1, SEP.4

¿Qué me pongo?

La ropa es algo que necesitan las personas. ¿Cómo decides qué ropa ponerte?

Materiales
- Hoja de ropa y estado del tiempo
- crayones
- tijeras de seguridad

Procedimiento

☐ 1. Colorea las prendas de ropa. Recórtalas.

☐ 2. Colócalas en la estación en la que te las pondrías.

Práctica de ciencias

Tú **analizas datos** para encontrar patrones.

⚠️ ¡Ten cuidado con las tijeras!

Analizar e interpretar datos

3. **Identificar** ¿Cómo cambió la ropa que usaste? Dile a un compañero.

4. **Sacar conclusiones** Describe cómo la ropa te da algo que necesitas.

Lección 3 Las necesidades de las personas

Las personas son animales

Las personas son un tipo de animal.

Necesitan comer plantas u otros animales para sobrevivir.

Necesitan beber agua.

Las personas necesitan aire para sobrevivir.

Respiran aire por la nariz y la boca.

Identificar Encierra en un círculo las partes del cuerpo con las que respiran las personas.

Conceptos transversales
▸ Herramientas

Patrones Un patrón es algo que se repite una y otra vez. ¿Cuál es un patrón de los seres humanos y otros animales? Subráyalo.

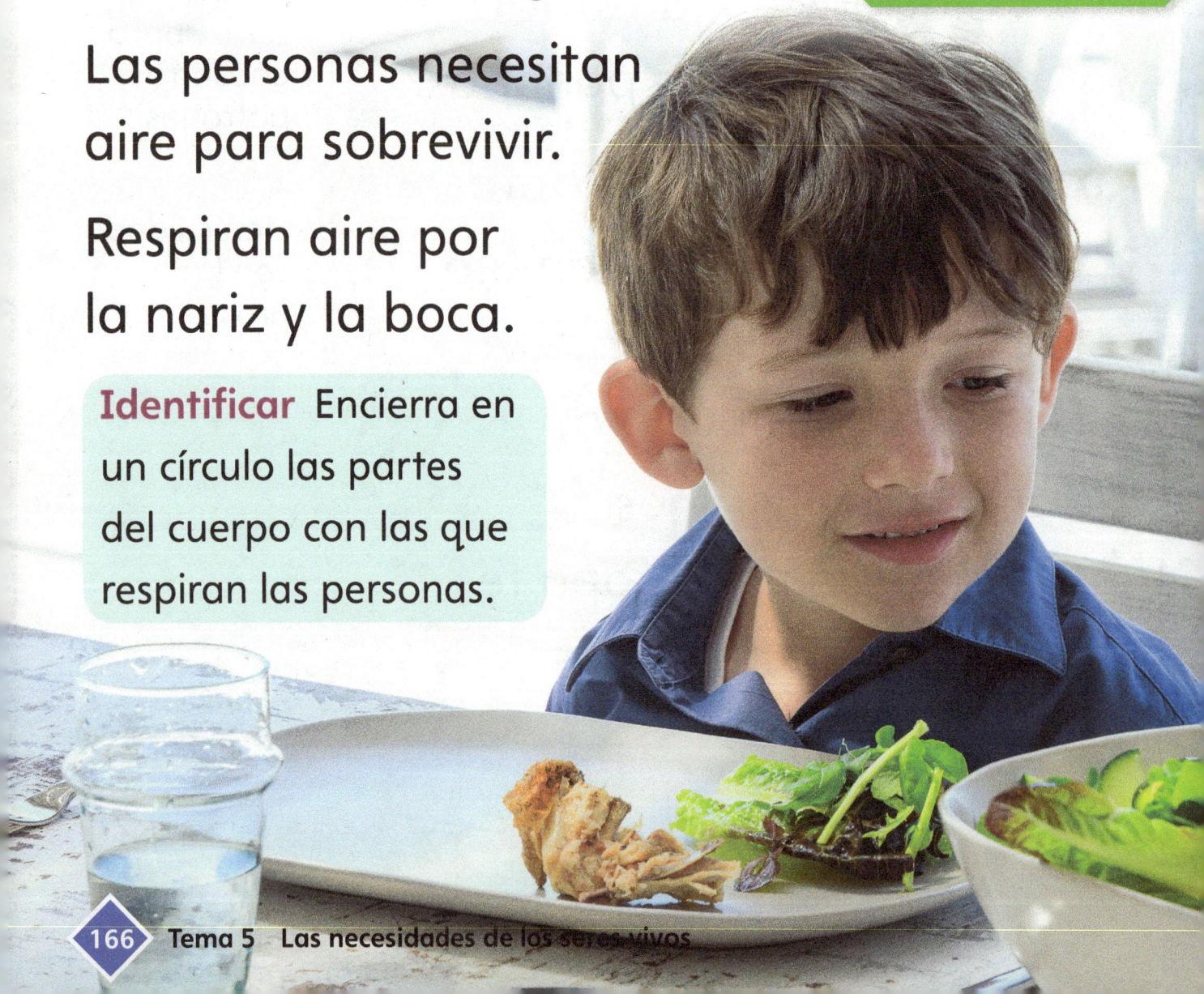

Las personas necesitan ropa y refugio

Las personas se ponen ropa.

Usan **refugios**.

Los refugios son cosas que cubren y protegen.

Los refugios protegen a las personas del tiempo.

✓ Revisar la lectura **Parecidos y diferentes**
Subraya tres palabras que muestran en qué se diferencian las personas de otros animales.

Misión Conexión

Dile a un compañero algo que necesitan las personas para pasar un día en el parque. Explica por qué las personas necesitan eso.

Lección 3 Las necesidades de las personas

INTERACTIVITY
Conéctate en línea para aprender más sobre las cosas que necesitan las personas para vivir.

Misión Control

Un lugar donde sentarse

Los refugios serán parte del parque. Imagina que es un día caluroso.

Identificar Encierra en un círculo elementos de la foto que refrescarán a las personas y las mantendrán secas en un día caluroso.

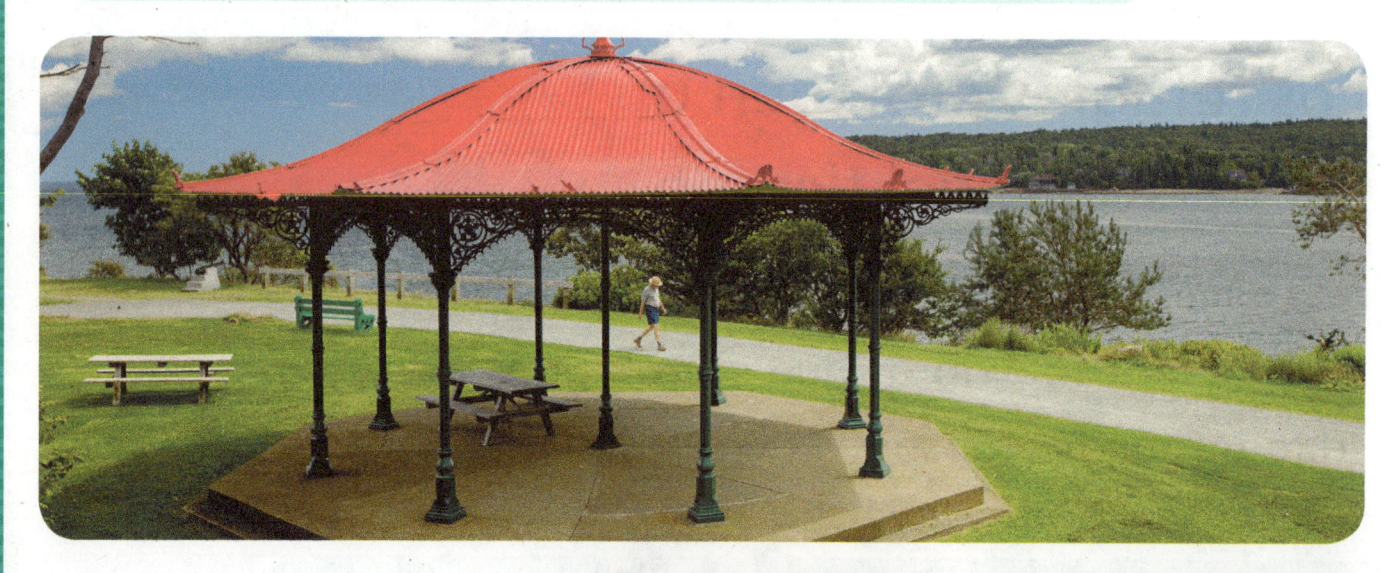

MISIÓN CUMPLIDA

ciencia EXTREMA

¡Lleno de agua!

El sapo contenedor de agua puede vivir en tierra durante dos años sin comer ni beber. Cuando llueve, absorbe agua por la piel. Si aprietas a un sapo contenedor de agua, ¡sale agua!

Inferir ¿Cómo sobreviven los sapos contenedores de agua cuando no llueve durante mucho tiempo?

_____
_____
_____
_____

Lección 4

Los ciclos de vida

VIDEO
Conéctate en línea para mirar un video sobre el ciclo de vida del salmón.

Vocabulario
ciclo de vida
cambiar
nacer

Puedo entender cómo cambian los seres vivos a lo largo de su ciclo de vida.

K-LS1-1

¡En marcha!

Sé un pájaro recién nacido que sale del cascarón. Actúalo.

170 Tema 5 Las necesidades de los seres vivos

túInvestigas... Lab

LABORATORIO PRÁCTICO

K-LS1-1, SEP.4

¿Cómo crecen y cambian las plantas?

¿Cómo puedes mostrar cómo crece una planta?

Materiales
- tierra de jardinería
- vasos de plástico transparentes
- semillas de caléndula

Procedimiento

☐ 1. Di qué necesita una planta para crecer.

☐ 2. Usa los materiales para cultivar una planta.

☐ 3. **Observa** tu planta todos los días. Haz dibujos para mostrar cómo cambia.

Práctica de ciencias

Tú **haces observaciones** para responder preguntas científicas.

Día ___	Día ___	Día ___

Analizar e interpretar datos

4. **Describir** Di cómo cambia la planta.

Lección 4 Los ciclos de vida 171

Los seres vivos tienen ciclos de vida

Los seres vivos pasan por distintas etapas en su vida. Esas etapas se llaman **ciclos de vida**.

Cambiar es volverse diferente. Todos los seres vivos cambian a lo largo de su ciclo de vida.

Cuando naciste, eras un bebé. Ahora eres más grande.

Identificar Encierra en un círculo la primera parte de un ciclo de vida.

Tema 5   Las necesidades de los seres vivos

Los bebés son distintos de sus padres

Muchos animales son distintos de sus padres.

Las focas bebés son blancas.

Cambian de color a medida que crecen.

☑ **Revisar la lectura** **Parecidos y diferentes** Encierra en un círculo una palabra que muestra cómo las focas bebés son distintas de sus padres.

INTERACTIVITY

Conéctate en línea para explorar el ciclo de vida de una planta de pimientos.

Lección 4 Los ciclos de vida 173

El ciclo de vida puede empezar con un huevo

Algunos seres vivos vienen de un huevo.
Los pájaros bebés **nacen**, es decir, salen, de un huevo.
Los pingüinos bebés son grises y peludos al nacer.
A medida que crecen, sus plumas cambian.

Las salamandras ponen huevos en el agua.
Las salamandras jóvenes y adultas son muy diferentes.
Cambian de forma a medida que crecen.

Práctica de ciencias
▶ Herramientas

Hacer preguntas Pide a un compañero que te haga una pregunta sobre cómo cambian las salamandras jóvenes. ¡Intenta responderla!

Misión Conexión

¿Qué necesitan los pingüinos jóvenes para crecer hasta ser adultos?

Lección 4 Los ciclos de vida 175

Misión Control Lab

¿Cómo cambian las orugas?

¿Qué tiene que hacer la ciudad si quiere tener mariposas?

Materiales
- orugas
- palitos
- plantas
- cerca de red
- agua azucarada
- pipeta de alimentos

Procedimiento

☐ 1. Piensa en qué necesitan las orugas.

☐ 2. Usa los materiales. Haz un plan para cuidar a las orugas.

Práctica de ciencias

Tú **observas** para encontrar respuestas a preguntas científicas.

⚠️ Manipula a los animales vivos con cuidado.

176 Tema 5 Las necesidades de los seres vivos

☐ **3.** Observa a las orugas. Dibuja lo que ves.

LABORATORIO PRÁCTICO
K-LS1-1, SEP.3

Día ____	Día ____	Día ____

Analizar e interpretar datos

4. ¿Qué les pasó a las orugas?

_____
_____

5. Identificar ¿Qué necesita el parque para tener muchas mariposas?

_____
_____

MISIÓN CUMPLIDA

Misión Hallazgos

INTERACTIVITY

Conéctate en línea para aprender más sobre lo que necesitan los seres vivos.

¡Construyamos un parque!

¿Qué necesitan las plantas y los animales para vivir en un parque?

Estas plantas y animales vivirán en el parque. ¿Qué necesitarán?

Muestra lo que encontraste

Ahora, hagamos un dibujo del parque. Puedes dibujar a los animales y las plantas que vivirán en él. Dibuja lo que necesitarán para sobrevivir.

MISIÓN CUMPLIDA

Conexión con la Carrera

Biólogo de la vida silvestre

Los biólogos de la vida silvestre estudian a los seres vivos. Suelen trabajar al aire libre. Pueden viajar a muchos lugares.

¿Adónde te gustaría ir si fueras biólogo de la vida silvestre? ¿Por qué?

Misión: Hallazgos

Evaluación

Pregunta esencial: ¿Qué necesitan las plantas y los animales para sobrevivir?

Muestra lo que aprendiste

Di lo que aprendiste sobre las plantas y los animales.

1. ¿Cómo obtienen comida las plantas?
    a. Hacen su propia comida.
    b. Comen otras plantas.
    c. Comen animales.
    d. Hacen luz solar.

2. ¿Qué necesidad comparten los gatos y las personas?
    a. Los dos necesitan herramientas.
    b. Los dos necesitan luz solar.
    c. Los dos necesitan agua.
    d. Los dos necesitan ropa.

3. Compara lo que necesitan las plantas y los animales para sobrevivir. Usa el banco de palabras.

agua   aire   luz solar   comida

plantas   ambos   animales

4. Ordena el ciclo de vida de la planta. Usa los números 1, 2 y 3.

Evaluación 181

☑ Evaluación basada en la evidencia

Lee la situación y responde las preguntas.

Nora investigó sobre algunos animales. Escribió lo que encontró en esta tabla.

Animal	Comida que come
oso	peces, semillas, frutos secos
ardilla	insectos, semillas, frutos secos
lobo	venados, peces
venado	pasto, hojas

1. ¿Cómo obtienen comida los animales?

    a. Usan la luz solar.

    b. Comen seres vivos.

    c. La respiran.

    d. La consiguen en una tienda.

182 Tema 5 Las necesidades de los seres vivos

2. Di si la oración es verdadera o falsa. Haz una marca en el casillero correcto.

	Verdadero	Falso
Todos los animales comen plantas.		
Los animales hacen su propia comida.		
Algunos animales comen la misma comida.		

3. ¿Qué pasaría si un venado y un lobo se encontraran?

_____

_____

4. De acuerdo con la tabla de Nora, ¿qué animal come solamente plantas?

  a. el oso
  b. la ardilla
  c. el lobo
  d. el venado

Evaluación basada en la evidencia

tú Demuestras... Lab

¿Qué necesidades tienen las mascotas?

Aprendiste que los distintos animales tienen distintas necesidades. ¿Cuáles son algunas necesidades de las mascotas?

Materiales
- libros sobre mascotas

Práctica de ciencias

Tú **observas** para buscar respuestas a preguntas.

Procedimiento

☐ 1. Piensa en una mascota que tienes o que te gustaría tener.

☐ 2. Usa los libros para averiguar qué necesita esa mascota.

184 Tema 5 Las necesidades de los seres vivos

☐ **3.** Anota tus datos. Sigue el ejemplo.

LABORATORIO PRÁCTICO
K-LS1-1, SEP.4, SEP.8

Observaciones

Mascota	Comida	Agua	Refugio	Espacio
Serpiente	ratones	tazón	rocas	pecera

Analizar e interpretar datos

4. Comparar Muéstrale tus datos a otro grupo. ¿En qué se parecen y en qué se diferencian las comidas?

5. Identificar ¿Qué patrón ves entre las mascotas que estudiaste?

túDemuestras: Lab

Tema 6
El medio ambiente

Lección 1 Lugares donde viven las plantas y los animales

Lección 2 Las plantas y los animales cambian el medio ambiente

Lección 3 Las personas cambian el medio ambiente

Lección 4 Las personas pueden proteger el medio ambiente

Estándares de Ciencias para la Próxima Generación

K-ESS2-2 Crear un argumento, apoyado en la evidencia, de cómo las plantas y los animales (incluyendo a los seres humanos) pueden cambiar el medio ambiente para satisfacer sus necesidades.

K-ESS3-1 Usar un modelo para representar la relación entre las necesidades de diferentes plantas y animales (incluyendo a los seres humanos) y los lugares donde viven.

K-ESS3-3 Comunicar soluciones que reduzcan el impacto de los seres humanos en la tierra, el agua, el aire y/u otros seres vivos en el medio ambiente local.

- ASSESSMENT
- VIDEO
- eTEXT
- INTERACTIVITY
- SCIENCE SONG
- GAME

El Texto en línea está disponible en español.

Pregunta esencial

¿Cómo cambian las plantas y los animales su ambiente?

Muestra lo que sabes

Las plantas y los animales cambian la tierra donde viven.

Encierra en un círculo una planta en la foto.

Dibuja un recuadro alrededor de un animal.

Tema 6 El medio ambiente 187

Misión Arranque

Senderos para todos

¿Cómo cambian las personas su medio ambiente local?

Hola, soy el señor Stone. Soy guardabosques. Ayudo a las personas a observar a los seres vivos.

Tengo señales nuevas para un sendero natural. Las señales les dicen a las personas cómo usar el sendero. ¿Qué debería decir cada señal?

Busca ideas mientras lees. Sigue el camino. Haz los pasos para hacer las señales. Marca cada una así MISIÓN CUMPLIDA ✓.

Estándares de Ciencias para la Próxima Generación
K-ESS2-2 Crear un argumento, apoyado en la evidencia, de cómo las plantas y los animales (incluyendo a los seres humanos) pueden cambiar el medio ambiente para satisfacer sus necesidades.
K-ESS3-3 Comunicar soluciones que reduzcan el impacto de los seres humanos en la tierra, el agua, el aire y/u otros seres vivos en el medio ambiente local.

INTERACTIVITY

Ve un video sobre un guardabosques.

Misión Control: Lab 3

Lección 3

Di cómo cambian las personas el lugar donde viven.

Misión Control 2

Lección 2

Usa lo que aprendiste para explicar cómo cambian las plantas y los animales el lugar donde viven.

Misión Control 4

Lección 4

Explica maneras de cuidar la naturaleza.

Misión Control 1

Lección 1

Usa lo que aprendiste para mostrar dónde viven las plantas y los animales.

Misión Hallazgos

Termina la Misión. Busca una manera divertida de mostrar y comentar tus ideas para las señales del sendero.

Misión: Arranque 189

túConectas...Lab

LABORATORIO PRÁCTICO

K-ESS2-2, SEP.7

¿Cómo cambia una planta el lugar donde vive?

Los científicos buscan evidencia cuando investigan. Busca evidencia para responder la pregunta del título.

Materiales
- semillas de rábano
- vasos de plástico transparentes
- tierra
- agua

Procedimiento

☐ 1. Usa los materiales para ver si una planta cambia el lugar donde vive. Haz un plan.

☐ 2. Muestra el plan a tu maestro. Haz la investigación.

Práctica de ciencias

Tú usas **evidencia** para crear un argumento.

⚠ Lávate las manos después de tocar las plantas y la tierra.

Analizar e interpretar datos

3. Di cómo la planta hizo un cambio en el lugar donde vive.

Tema 6 El medio ambiente

Conexión con la lectura

Secuencia

Los científicos observan cómo los animales cambian el lugar donde viven.

¿Cómo puede hacer un cambio una ardilla?

🎮 **GAME**
Practica lo que aprendiste con los Mini Games.

Secuencia significa poner las cosas en orden. "Primero", "luego" y "por último" son palabras de secuencia.

La ardilla esconde comida

Primero, la ardilla cava un pozo.

Luego, deja caer una nuez en el pozo.

Por último, el animal tapa la nuez con tierra.

✓ **Revisar la lectura** **Secuencia** Encierra en un círculo lo que pasa primero.

Lección 1

Lugares donde viven las plantas y los animales

VIDEO
Ve un video sobre lugares donde viven las plantas y los animales.

Vocabulario
refugio
bosque
llanura
desierto
océano

Puedo observar distintos lugares donde viven las plantas y los animales.

K-ESS3-1

¡En marcha!

Nombra una planta o un animal que viva cerca de ti.

192 Tema 6 • El medio ambiente

túInvestigas...Lab

¿Quién vive aquí?

Los científicos hacen modelos para mostrar dónde viven las plantas y los animales.

¿Qué plantas y animales viven cerca de ti?

LABORATORIO PRÁCTICO

K-ESS3-1, SEP.2

Materiales
- crayones
- papel

Práctica de ciencias

Cuando dibujas, haces un **modelo**.

Procedimiento

☐ 1. Piensa en plantas y animales que viven cerca de ti.

☐ 2. Haz un dibujo de las plantas y los animales que viven cerca de ti.

Analizar e interpretar datos

3. Dile a un compañero dónde viven tus plantas y animales.

4. Explica por qué crees que tu dibujo es un buen modelo para mostrar ese lugar.

Lección 1   Lugares donde viven las plantas y los animales

Necesidades

Las plantas y los animales necesitan agua, aire y recursos de la tierra.

Los animales necesitan aire, comida y agua.

Las plantas necesitan aire, agua y espacio para crecer.

Los animales necesitan refugio. Un **refugio** es un lugar seguro para vivir.

Las plantas y los animales viven donde pueden sobrevivir.

Secuencia Mira las tres fotos. ¿Cuál es el primer paso para construir el nido? Encierra esa foto en un recuadro.

Bosques y llanuras

Algunas plantas y animales viven en bosques.

Un **bosque** es una tierra con muchos árboles.

Algunas plantas y animales viven en las llanuras.

Una **llanura** es una tierra plana con mucho pasto.

Rotular Escribe un rótulo para cada foto.

Conceptos transversales
▸Herramientas

Causa y efecto Un árbol cae en el bosque.
Di qué podría pasarles a los animales que viven en el árbol.

Lección 1 Lugares donde viven las plantas y los animales   195

Desiertos y océanos

Algunas plantas y animales viven en el desierto.

Un **desierto** es una tierra muy seca.

Algunas plantas y animales viven en el océano.

El **océano** es una gran masa de agua salada.

> INTERACTIVITY
> Aprende más sobre un medio ambiente de desierto.

Rotular Escribe un rótulo para cada foto.

Misión Conexión

Di algunos lugares donde viven las plantas. Di algunos lugares donde los animales encuentran refugio.

Misión Control

Caminar por la naturaleza

A las personas les gusta caminar por la naturaleza.

Les gusta caminar por senderos.

Les gusta ver plantas y animales en el lugar donde viven.

Dibujar Haz una señal de sendero para indicarles a las personas dónde viven plantas y animales en la foto.

MISIÓN CUMPLIDA

Lección 2

Las plantas y los animales cambian el medio ambiente

VIDEO
Mira un video sobre cómo cambian su medio ambiente las plantas y los animales.

Vocabulario

medio ambiente

Puedo observar maneras en que las plantas y los animales cambian su medio ambiente.

K-ESS2-2 K-ESS3-1

¡En marcha!

Mira la imagen.

¿Qué cambios están haciendo las plantas, los animales y las personas?

Encierra en un círculo cuatro cambios.

198 Tema 6 El medio ambiente

túInvestigas...Lab

¿Cómo cambian la tierra las ardillas?

LABORATORIO PRÁCTICO

K-ESS2-2, SEP. 2, SEP. 7

Los científicos usan evidencia para apoyar sus opiniones. ¿Cómo puedes usar un modelo para obtener evidencia?

Materiales
- recipiente con arena húmeda
- objetos de la clase para representar nueces, bellotas y semillas

Procedimiento

☐ 1. Muestra maneras en que las ardillas pueden cambiar la tierra.

☐ 2. Construye tu modelo y luego dibújalo.

Práctica de ciencias

Tú puedes usar **evidencia** para apoyar tu argumento.

Analizar e interpretar datos

3. Di cómo muestra tu modelo que las ardillas cambian la tierra. Usa evidencia.

Lección 2 Las plantas y los animales cambian el medio ambiente

Donde viven las plantas

Las plantas son parte de su **medio ambiente**. Un medio ambiente es todo lo que rodea a un ser vivo.

Las plantas pueden cambiar su medio ambiente.

> **Secuencia** Di qué pasa primero, qué pasa luego y qué pasa al final. Escribe 1, 2 o 3 en cada recuadro.

INTERACTIVITY

Muestra cómo cambian su medio ambiente las plantas y los animales.

Misión Conexión

Di cómo puede una planta cambiar su medio ambiente.

200 Tema 6 El medio ambiente

Los animales en su medio ambiente

Los animales pueden cambiar su medio ambiente.

Las termitas hacen enormes nidos.

Los ciervos comen pasto y flores.

Describir Habla sobre otro animal que puede cambiar su medio ambiente.

termitas y nido

ciervos comiendo pasto

Lección 2 Las plantas y los animales cambian el medio ambiente

Las plantas y los animales juntos

Las plantas y los animales viven juntos en un medio ambiente.

Los animales ayudan a las plantas esparciendo sus semillas.

Las plantas ayudan a los animales dándoles comida y refugio.

Conceptos transversales
▸ Herramientas

Sistemas de la naturaleza Comenta qué les pasaría a los animales que comen pasto si todo el pasto muriera.

Identificar Mira las fotos. Di cómo viven juntos las plantas y los animales.

Tema 6 El medio ambiente

Misión Control

Cambios en la naturaleza

Las plantas y los animales pueden cambiar su medio ambiente. Las plantas y los animales pueden cambiar cómo se ve un sendero. Mira las fotos que muestran cambios.

Dibujar Haz una señal de sendero que diga cómo las plantas y los animales de las fotos cambiaron el sendero natural.

MISIÓN CUMPLIDA

Lección 3

Las personas cambian el medio ambiente

VIDEO
Ve un video sobre cómo las personas cambian su medio ambiente.

Vocabulario
recursos

Puedo observar maneras en que las personas cambian su medio ambiente.

K-ESS3-1 K-ESS2-2 K-ESS3-3

¡En marcha!

Quieres hacer una huerta. Di qué herramientas usarás. Actúa cómo usarás cada una.

204 Tema 6 El medio ambiente

túInvestigas...Lab

LABORATORIO PRÁCTICO

K-ESS3-1, SEP.2

¿Cómo puedes hacer un modelo de los cambios en el medio ambiente?

Los obreros cambiaron la tierra para construir tu escuela.

¿Cómo puedes hacer un modelo para mostrar otros cambios?

Materiales
- recipiente con arena o tierra
- agua

Materiales recomendados
- herramientas de jardinería de juguete
- vehículos de construcción de juguete

Procedimiento

☐ 1. Haz un modelo de la tierra.

☐ 2. Busca maneras de cambiar tu modelo.

Analizar e interpretar datos

3. **Explicar** ¿Cuál es el cambio más grande que hiciste?

4. **Sacar conclusiones** Di cómo las personas cambiaron la tierra cerca de donde vives.

Práctica de ciencias

Tú usas un **modelo** para responder preguntas sobre la naturaleza.

Lección 3 Las personas cambian el medio ambiente

Las personas y los recursos

Los **recursos** son cosas que las personas usan para vivir.

El aire, el suelo, el agua y las plantas son recursos.

Las personas necesitan recursos.

talando un árbol

madera de árboles

agua dulce

Obtener lo que necesitamos

INTERACTIVITY

Aprende más sobre cómo las personas cambian su medio ambiente.

Las personas cambian el medio ambiente para obtener los recursos que necesitan.

A veces, esos cambios pueden dañar la tierra, el suelo, el aire o el agua.

arroyo con basura

Identificar Mira las fotos. Di una manera de detener los cambios que dañan la tierra, el aire, el suelo y el agua.

Misión Conexión

Di cómo las personas cambiaron el medio ambiente.

Lección 3 Las personas cambian el medio ambiente 207

Misión Control Lab

LABORATORIO PRÁCTICO

K-ESS2-2, SEP.2

¿Cómo pueden las personas cambiar la tierra?

Los guardabosques se aseguran de que el sendero no se dañe si pasan muchas personas.

¿Qué les pasa a las plantas si un sendero se usa demasiado?

Materiales
- recipiente con arena o tierra
- figuras de personas
- modelos de árboles, plantas o arbustos

Procedimiento

☐ 1. Haz un modelo de un sendero.

☐ 2. Muestra lo que pasa cuando muchas personas lo usan.

Práctica de ciencias

Un **modelo** puede ayudarte a entender fenómenos.

Analizar e interpretar datos

3. **Explicar** ¿Cómo cambian el sendero las personas y las plantas?

4. **Describir** Di cómo se ven diferentes las plantas.

Tema 6 El medio ambiente

STEM Conexión con las matemáticas

Restando números

Restar es quitarle un número a otro para contar.

Mira la imagen de la izquierda.
Escribe cuántos árboles hay.
Mira la imagen de la derecha.
Escribe cuántos árboles hay.

Izquierda _____ árboles   **Derecha** _____ árboles

Completa el problema de resta.

_____ árboles – _____ árboles = _____ árboles

Lección 4

Las personas pueden proteger el medio ambiente

VIDEO
Mira un video sobre cómo las personas pueden proteger el medio ambiente.

Vocabulario

reciclar
reutilizar

Puedo decir cómo **puedo** proteger el medio ambiente.

K-ESS2-2, K-ESS3-3

¡En marcha!

Di una manera en que puedes ayudar al medio ambiente.

210 Tema 6 El medio ambiente

STEM túInvestigas...Lab

LABORATORIO PRÁCTICO

K-ESS3-3, SEP.6

¿Cómo puedes crear algo útil?

Todos desechamos muchas cosas que podemos volver a usar. ¿Cómo puedes crear algo útil con algo viejo?

¡Diséñalo y créalo!

- ☐ 1. Escoge algo viejo.
- ☐ 2. Piensa maneras de cambiarlo para crear algo útil.
- ☐ 3. Pide ayuda a tu maestro si la necesitas.
- ☐ 4. Crea algo útil.

Evaluar el diseño

5. **Comenta** cómo pueden las personas usar el objeto que creaste.

Materiales recomendados

- calcetines viejos y limpios
- latas, botellas plásticas y frascos limpios
- pedazos de papel y de tela
- tijeras de seguridad
- pegamento

Práctica de ciencias

Tú puedes **diseñar** una solución a un problema.

⚠ Ten cuidado con las tijeras.

Lección 4 Las personas pueden proteger el medio ambiente   211

Usos nuevos para cosas viejas

Las personas pueden ayudar a la Tierra.

Podemos reutilizar los objetos.

Reutilizar significa volver a usar un objeto.

INTERACTIVITY
Muestra cómo puedes proteger la Tierra.

Misión Conexión

Comenta cómo ayuda al medio ambiente reutilizar y reciclar.

Ayudar a la Tierra

Las personas pueden reciclar cosas.

Reciclar es usar un objeto para hacer algo nuevo.

Podemos reciclar botellas y latas.

Podemos reciclar papel y tela.

Conceptos transversales
▶ Herramientas

Causa y efecto Mira la foto de la basura. Di qué causó lo que se ve.

Explicar Escribe algo sobre la foto de los cestos.

Lección 4 | Las personas pueden proteger el medio ambiente 213

Lo que puedes hacer tú

Tenemos que proteger el medio ambiente.

Tú puedes usar menos agua.

Tú puedes reutilizar las cosas que tienes.

Comprensión visual

Dibuja una manera en que puedes ayudar a la Tierra.

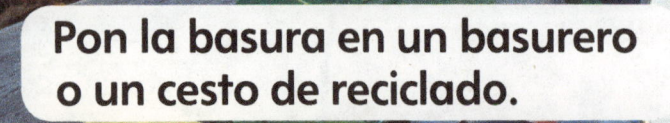

Ve por la senda.

Pon la basura en un basurero o un cesto de reciclado.

Cierra el grifo mientras te cepillas los dientes.

Ayuda a otros a reutilizar objetos.

Conceptos transversales
▸ Herramientas

Sistemas de nuestro mundo
Di cómo puedes proteger el aire y el agua que necesitas.

Si ves basura, recógela.

Lección 4   Las personas pueden proteger el medio ambiente   **215**

STEM Misión Control Lab

¿Cómo podemos salvar a nuestros senderos?

Algunas personas recorren los senderos naturales en bicicleta.

Algunas personas caminan por los senderos.

¿Qué ocurre cuando muchas personas y bicicletas usan los senderos?

Materiales
- modelo de la Lección 3
- palillos de manualidades
- cinta adhesiva
- modelos de plantas
- marcadores

Práctica de ingeniería

Tú puedes **diseñar una solución** a un problema.

Hacer un modelo

☐ 1. Mira las fotos. Piensa en lo que muestra cada una.

☐ 2. Escoge una foto.

☐ 3. Usa tu modelo de la Lección 3.

Tema 6 El medio ambiente

☐ **4.** Usa el modelo para mostrar cómo salvar el sendero.

☐ **5.** Haz una señal que ayude a salvar el sendero. Ponla con tu modelo.

Dibuja tu modelo y tu señal

Evaluar el modelo

6. Explica tu solución a un compañero.

tú, Ingeniero | Diseñar | STEM

K-2-ETS1-1

INTERACTIVITY

Mira un video sobre cómo usan herramientas los ingenieros.

El problema del árbol

Jay y su papá construyeron una casita de árbol.

¿Cómo puede Jay subir al árbol?

218 Tema 6 El medio ambiente

Diséñalo

- [ ] ¿Cuál es el problema?
  _____
  _ _ _ _ _ _ _ _ _ _ _ _
  _____

- [ ] Mira las pistas.

- [ ] Dibuja dos ideas nuevas que podría probar Jay.

- [ ] Conversa con un compañero. Escoge la mejor idea.

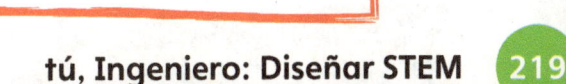

tú, Ingeniero: Diseñar STEM 219

Misión Hallazgos

INTERACTIVITY

Aplica lo que aprendiste en la Misión.

Senderos para todos

¿Cómo cambian las personas su medio ambiente local?

Aprendiste cómo las personas pueden cambiar un medio ambiente.

Muestra lo que encontraste

Hiciste algunas señales de sendero para proteger un sendero natural.

¿Qué otras señales puedes hacer para ayudar al guardabosques a salvar los senderos naturales?

Di cómo ayudarán tus señales a las plantas y animales del sendero.

MISIÓN CUMPLIDA

Conexión con la Carrera

Guardabosques

Los guardabosques se ocupan de que los parques sean seguros para los animales, las plantas y las personas.

Les muestran a las personas cómo viven juntos las plantas y los animales en un medio ambiente.

¿Quieres ser guardabosques? Explica por qué.

Misión: Hallazgos

✓ **Evaluación**

Pregunta esencial ¿Cómo cambian las plantas y los animales su ambiente?

Muestra lo que aprendiste

Dile a un compañero lo que aprendiste sobre cómo las plantas y los animales cambian su medio ambiente.

1. Escoge una palabra del banco de palabras para completar la oración. La foto muestra un animal en el

_____.

| desierto | bosque | llanura | océano |

222 Tema 6 El medio ambiente

2. ¿Qué es un medio ambiente?
   a. Reutilizar objetos de la basura.
   b. Todo lo que rodea a un ser vivo.
   c. Un animal que puede satisfacer sus necesidades.
   d. Una planta que puede satisfacer sus necesidades.

3. ¿Por qué las personas deberían reciclar?
   a. para usar más recursos
   b. para que las plantas y los animales estén a salvo
   c. para obtener más luz solar y agua
   d. para usar menos recursos

4. ¿Cómo puedes ayudar a la Tierra?
   a. Ve a la tienda todos los días.
   b. Enciende todas las luces de tu casa.
   c. Reutiliza juguetes y libros.
   d. Come más pescado y carne.

✓ **Evaluación basada en la evidencia**

Lee y responde las preguntas 1 a 4.

A Ella le encanta ir de campamento. A su familia le gusta ir de campamento junto al río Elk. Pero este año, algo cambió. Usa las fotos para responder las preguntas.

1. ¿En qué tipo de medio ambiente acampa Ella?
   a. en un océano
   b. en una llanura
   c. en un desierto
   d. en un bosque

224 Tema 6 El medio ambiente

2. ¿Cómo cambió el medio ambiente?
   a. Se talaron árboles.
   b. Los animales cavaron en el suelo.
   c. Una tormenta derribó los árboles.
   d. Se pescaron muchos peces.

3. ¿Por qué ocurrió el cambio?
   a. Para satisfacer necesidades de los animales.
   b. Para satisfacer necesidades de las personas.
   c. Para que las plantas crecieran más grandes y fuertes.
   d. Para darles a los peces un hogar.

4. Di cómo se puede proteger el medio ambiente.

Evaluación basada en la evidencia

tú Demuestras... Lab

¿Cómo puede un animal cambiar el lugar donde vive?

Los científicos observan con sus sentidos. ¿Cómo cambian las lombrices el suelo donde viven?

Materiales
- lombrices
- suelo
- recipiente de plástico transparente con tapa
- guantes
- papel negro
- cinta adhesiva

Procedimiento

☐ 1. Haz un plan para mostrar cómo las lombrices cambian el suelo.

☐ 2. Muestra tu plan a tu maestro.

☐ 3. Observa a las lombrices durante 5 días.

☐ 4. Dibuja tus observaciones el día 1.

Práctica de ciencias

Tú usas **evidencia** para crear un argumento.

⚠ Usa guantes para tocar a las lombrices.

Cómo cambian el suelo las lombrices, día 1

Tema 6 El medio ambiente

☐ **5.** Dibuja tus observaciones el día 5.

Cómo cambian el suelo las lombrices, día 5

Analizar e interpretar datos

☐ **6. Explica** cómo cambiaron su medio ambiente las lombrices. Usa tus dibujos como evidencia.

En voz alta

Cuaderno de prácticas de ciencias e ingeniería

Prácticas de ciencias

Preguntas

Los científicos hacen preguntas sobre el mundo.

Pueden preguntar, "¿Qué necesitan las plantas?".

Luego, los científicos hacen pruebas para hallar respuestas.

Estas pruebas se llaman experimentos.

Haz una pregunta sobre las plantas.

Los científicos investigan las plantas.

SEP.1 Hacer preguntas y definir problemas
SEP.3 Planear y realizar investigaciones

Investigaciones

Los científicos investigan para buscar respuestas.

Investigan solo una cosa a la vez.

Esto se llama prueba imparcial.

Mira esta investigación sobre plantas y agua.

Esta planta tuvo poca agua.

Los científicos le dieron mucha agua a esta planta.

Di si esta es una prueba imparcial. ¿Por qué?

Cuaderno de naturaleza de las ciencias   PF1

Prácticas de ciencias

Observaciones

Observas cuando prestas atención a las cosas.

Los científicos usan sus sentidos para observar.

Registran observaciones.

Dibujan o escriben lo que observan.

planta con flores

Observa la planta.
Anota tus observaciones.

¿Qué observas?	Información
Cantidad de hojas	
Color de los pétalos	

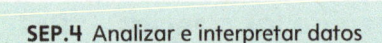

Datos

Los datos son información.

Los científicos reúnen datos de las observaciones.

Los datos pueden decir cómo se ve y se siente algo.

Los científicos comparten datos con otros.

Habla con un compañero. ¡Comparte datos sobre ti!

Cuaderno de prácticas de ciencias e ingeniería

# Prácticas de ciencias

Herramientas

Los científicos usan herramientas para reunir información.

Usan una lupa para ver cosas pequeñas.

Usan un termómetro para saber si algo es frío o caliente.

Usan una regla para saber qué tan grande es algo.

Encierra en un círculo una herramienta que usas para ver cosas.

Medir

Puedes reunir datos tomando medidas.

Las reglas métricas miden la longitud.

El reloj se usa para medir el tiempo.

La longitud y el peso son datos.

Mira a tu alrededor. Dibuja cosas que te ayudan a reunir y registrar datos.

Prácticas de ciencias

Explicaciones

Los científicos usan modelos para explicar cómo funcionan las cosas.

Un modelo puede ser un dibujo o un diagrama.

También puedes construir un modelo.

Planta de fresa — hoja, flor, fruto, estolón, raíces

Observa una planta. Dibuja un modelo. Di en qué se parecen y en qué se diferencian tu modelo y la planta.

SEP.2 Desarrollar y usar modelos
SEP.6 Crear explicaciones y diseñar soluciones
SEP.7 Plantear argumentos a partir de la evidencia

Evidencia

Los científicos usan la evidencia.

Los datos y la información son evidencia.

Los científicos obtienen evidencia de las observaciones y los datos.

Usan evidencia para crear explicaciones.

> Di qué evidencia ves de que las orugas se han comido la hoja.

Prácticas de ciencias

Trabajo en equipo

Los científicos trabajan juntos.

Comparten ideas creativas.

Estudian el trabajo de otros científicos.

Luego, les dicen lo que piensan.

Dile a un compañero algo que te gusta sobre el modelo de planta que dibujó. Di qué le podría agregar al modelo.

SEP.4 Analizar e interpretar datos
SEP.8 Obtener, evaluar y comunicar información

Comunicación

Los científicos comunican resultados.

Te comunicas cuando compartes lo que sabes.

Los científicos publican sus ideas.

Aprenden de esas ideas.

La comunicación ayuda a todos los científicos.

Con tu clase, decidan qué más les gustaría saber sobre las plantas.
Escribe la pregunta.

_____
_____

Di dónde podrías encontrar la respuesta.

Cuaderno de prácticas de ciencias e ingeniería   PF9

Prácticas de ciencias

Definir un problema

Los ingenieros definen problemas. Escogen metas para mejorar las cosas.

Diseñar una solución

Los ingenieros resuelven problemas.

Piensan en los materiales que pueden usar.

Algunos prueban modelos.

Mira la foto. Di qué problema crees que podrías resolver con esta herramienta.

SEP.1 Hacer preguntas y definir problemas
SEP.2 Desarrollar y usar modelos
SEP.3 Planear y realizar investigaciones
SEP.4 Analizar e interpretar datos
SEP.6 Crear explicaciones y diseñar soluciones
SEP.7 Plantear argumentos a partir de la evidencia

Mejorar el diseño

Los ingenieros prueban sus soluciones.

Reúnen y registran datos para ver cómo funciona cada solución.

Comparten su solución.

Luego, la mejoran.

Haces mejoras cuando haces que algo sea mejor.

Haz un dibujo que muestre cómo podrías mejorar la herramienta.

Reconocimientos

Fotografías

Photo locators denoted as follows: Top (T), Center (C), Bottom (B), Left (L), Right (R), Background (Bkgd)

Portada: Mikkel Bigandt/Shutterstock; **Contraportada:** Marinello/DigitalVision Vectors/Getty Images.

Páginas preliminares

iv: Clari Massimiliano/Shutterstock; vi: Andresr/Shutterstock; vii: Cheryl Savan/Shutterstock; viii: Stephen Coburn/Shutterstock; ix: Andresr/Shutterstock; x: B.O'Kane/Alamy Stock Photo; xi: Franckreporter/Getty Images; xii Bkgrd: Brian J. Skerry/National Geographic/Getty Images; xii TR: Old Apple/Shutterstock; xiii B: Pearson Education; xiii TL: Pearson Education

Tema 1

000: F1online digitale Bildagentur GmbH/Alamy Stock Photo; 002 BR: John Davidson Photos/Alamy Stock Photo; 002 CR: Ben Welsh Premium/Alamy Stock Photo; 002 TCR: Kim Reinick/Shutterstock; 002 TR: Andresr/Shutterstock; 005: Michael Ireland/Fotolia; 006: Alexei_tm/Fotolia; 007 BCR: Nikshor/Shutterstock; 007 CR: Dima Sobko/Shutterstock; 008: Cultura Creative (RF)/Alamy Stock Photo; 009: Andresr/Shutterstock; 010 BL: 2xSamara/Shutterstock; 010 BR: Jade Albert/Getty Images; 011: Andresr/Shutterstock; 014 Bkgrd: Trong Nguyen/Shutterstock; 014 BL: Sergey Novikov/Shutterstock; 015 BR: Pressmaster/Shutterstock; 015 C: Sergey Lavrentev/Shutterstock; 016: Andresr/Shutterstock; 018: Jenseman04/Fotolia; 022: Andraž Cerar/Shutterstock; 023 BL: Photodisc/Getty Images; 023 BR: Andresr/Shutterstock; 023 CR: Stephanie Swartz/Shutterstock; 028 Bkgrd: Go2dim/Fotolia; 028 BR: Andresr/Shutterstock; 028 C: Ben Welsh Premium/Alamy Stock Photo; 028 CL: Kim Reinick/Shutterstock; 028 CR: John Davidson Photos/Alamy Stock Photo; 028 TR: Scottish Viewpoint/Alamy Stock Photo; 029 Bkgrd: Michael Pole/Corbis RF Stills/Getty Images; 029 TR: Onne van der Wal/Corbis Documentary/Getty Images; 030 BR: Natalia Zhurbina/Shutterstock; 030 CR: Blend Images BUILT Content/Alamy Stock Photo; 030 T: Oticki/123RF; 030 TCR: Krishna Utkarsh Pandit/Shutterstock; 031: Denise Kappa/Shutterstock; 034 BC: Terekhov igor/Shutterstock; 034 BCR: Oez/Shutterstock; 034 BR: Airobody/Fotolia

Tema 2

036: Patrick Foto/Shutterstock; 037 BC: Sedlacekjan97/Fotolia; 037 Bkgrd: Calek/Shutterstock; 037 BL: Alexander Tarassov/Fotolia; 037 BR: Arina Zaiachin/123RF; 037 CR: Piikcoro/Shutterstock; 038: Cheryl Savan/Shutterstock; 040: Silkstock/Fotolia; 041: Lodimup/Fotolia; 042: Nataly Lukhanina/Shutterstock; 043: Sheva_ua/Fotolia; 044 B: Elena Yakusheva/Shutterstock; 044 C: Cheryl Savan/Shutterstock; 045 BR: Juriah Mosin/Shutterstock; 045 CL: Tom Wang/123RF; 045 CR: RooM the Agency/Alamy Stock Photo; 045 T: Jacek Chabraszewski/Shutterstock; 046: Olesya Feketa/Shutterstock; 047 BL: Trinacria Photo/Shutterstock; 047 BR: Petr Vaclavek/Shutterstock; 047 CL: Vladvm/Shutterstock; 047 CR: Thomas Brain/Shutterstock; 047 TCL: Keith Bell/Shutterstock; 047 TCR: Narith Thongphasuk/Shutterstock; 047 TL: Cheryl Savan/Shutterstock; 048: Dave King/DKImages; 049: Dave King/DKImages; 050 B: Baloncici/Shutterstock; 050 BR: IPostnikov/Shutterstock; 050 TR: Igor Negovelov/Fotolia; 051 BR: Cheryl Savan/Shutterstock; 051 TCR: Aldegonde/Shutterstock; 051 TL: Kristina Postnikova/Shutterstock; 051 TR: Lucie Zapletalova/Shutterstock; 053 Bkgrd: Oleandra/123RF; 053 BL: Jenifoto/Fotolia; 053 BR: Eskay Lim/Fotolia; 053 CR: Seramo/Shutterstock; 054: Cheryl Savan/Shutterstock; 055 B: Elisabeth Burrell/Alamy Stock Photo; 055 C: Picsfive/Shutterstock; 055 T: Ivonne Wierink/Fotolia; 057: Michael Nivelet/Shutterstock; 058: Cheryl Savan/Shutterstock; 059 B: Springfield Gallery/Fotolia; 059 TR: Image Source/Getty Images; 060 BR: Denis Kovin/Shutterstock; 060 TC: Cheryl Savan/Shutterstock; 061: akekoksomshutter/Shutterstock; 062: Zoonar GmbH/Alamy Stock Photo; 064 Bkgrd: Beloborod/Shutterstock; 064 C: Cheryl Savan/Shutterstock; 065 Bkgrd: iPostnikov/Shuttesrtock; 065 TR: FatCamera/Getty Images; 066: Andreas Kraus/Shutterstock; 067 BC: Sakdinon Kadchlangsaen/Shutterstock; 067 C: Ilya Andriyanov/Shutterstock; 067 CR: Nata777_7/Fotolia; 067 T: Dani Simmonds/Fotolia; 067 TCL: Jackhollingsworth/Shutterstock; 067 TR: Sumroeng Chinnapan/Shutterstock; 071 BC: Creative Crop/Getty Images; 071 BL: Tatiana Popova/Shutterstock; 071 BR: Triin Lakspere/Shutterstock

Tema 3

072: Connect11/iStock/Getty Images Plus/Getty Images; 074 BC: Jonathan Irish/National Geographic Magazines/Getty Images; 074 BL: Lurii/iStock/Getty Images Plus/Getty Images; 074 BR: P. Eoche/The Image Bank/Getty Images; 074 TR: Stephen Coburn/Shutterstock; 077 Bkgrd: Cultura Exclusive/Philip Lee Harvey/Cultura/Getty Images; 077 TR: Nature Photographers Ltd/Alamy Stock Photo; 078: Pavel_Klimenko/Shutterstock; 080: Marco Wong/Moment/Getty Images; 081: Stephen Coburn/Shutterstock; 082: Stephen Coburn/Shutterstock; 083 Bkgrd: Mrtomuk/iStock/Getty Images; 083 TR: B.A.E. Inc./Alamy Stock Photo; 084: Skynesher/E+/Getty Images; 087 BL: Xpixel/Shutterstock; 087 TC: Coprid/Shutterstock; 088: Jürgen Fälchle/Alamy Stock Photo; 090: Alina Pavlova/Alamy Stock Photo; 091 B: AlinaMD/iStock/Getty Images; 091 CR: Stephen Coburn/Shutterstock; 091 T: Kryuchka Yaroslav/Shutterstock; 092 BR: 123RF; 092 TR: Stephen Coburn/Shutterstock; 093: Aopsan/Shutterstock; 094 Bkgrd: Alex Kosev/Shutterstock; 094 BR: Stephen Coburn/Shutterstock; 095 Bkgrd: Sylv1rob1/Shutterstock; 095 TR: Vgajic/E+/Getty Images; 096: AlinaMD/Shutterstock; 100: TerryM/Shutterstock

Tema 4

102: Boon/Getty Images; 104: Andresr/Shutterstock; 106: Photolinc/Shutterstock; 107: Skreidzeleu/Shutterstock; 108: Tim Gainey/Alamy Stock Photo; 109: Patpitchaya/Shutterstock; 110 BL: Stephanie Rausser/Getty Images; 110 R: Appletat/iStock/Getty Images; 111 BC: Andresr/Shutterstock; 111 BR: andreiuc88/Shutterstock; 111 CR: Will Blaik/EyeEm/Getty Images; 111 TR: Vibrant Image Studio/Shutterstock; 112 B: Lester Balajadia/Shutterstock; 112 CR: George W. Bailey/Shutterstock; 113 BC: andreiuc88/Shutterstock; 113 BL: HorenkO/Shutterstock; 113 BR: Janis Smits/Shutterstock; 113 TL: Andresr/Shutterstock; 114: Jordan Siemens/Digital Vision/Getty Images; 116: Igor Goncharenko/Alamy Stock Photo; 117: NilsJohan Norenlind/Getty Images; 118 Bkgrd: Elenamiv/Shutterstock; 118 R: Nidwlw/Getty Images; 119 BL: Russ Rohde/CulturaRF/Getty Images; 119 BR: Andresr/Shutterstock; 119 C: BJI/Blue Jean Images/

PF12 Reconocimientos

Getty Images; 119 TR: YanLev/Shutterstock; 120 Bkgrd: BSIP SA/Alamy Stock Photo; 120 TR: Michele Oenbrink/Alamy; 121: Andresr/Shutterstock; 122: Image Source/Alamy Stock Photo; 124: HannamariaH/Getty Images; 125 CR: Andresr/Shutterstock; 126 B: dolennen/Shutterstock; 127: Sergey Novikov/Alamy Stock Photo; 128: Paul Avis/Getty Images; 130 Bkgrd: Jason Persoff Stormdoctor/Getty Images; 130 TR: Todd Shoemake/Shutterstock; 131 Bkgrd: Mike Hill/Alamy Stock Photo; 131 BR: Andresr/Shutterstock; 132 B: Krisana Tongnantree/Shutterstock; 132 TR: Dana Hoff/Corbis/Getty Images; 133 B: Science Photo Library/NOAA/Getty Images; 133 CR: Chesky/Shutterstock; 134 BR: Andersphoto/Shutterstock; 134 TC: Andresr/Shutterstock; 136 Bkgrd: Pictureguy/Shutterstock; 136 BR: Andresr/Shutterstock; 137 Bkgrd: Ryan K. McGinnis/Alamy Stock Photo; 137 TR: Ryan K. McGinnis/Alamy Stock Photo; 138: Rob Hainer/Shutterstock; 139: Nidwlw/Getty Images; 140: Nidwlw/Getty Images

Tema 5

144: Elusive Photography/Getty Images; 146: B.O'Kane/Alamy Stock Photo; 148 BR: Khak/Shutterstock; 148 CR: Kirillov alexey/Shutterstock; 149 B: Pascal Janssen/Shutterstock; 149 TR: Yykkaa/Getty Images; 150: Djgis/Shutterstock; 152: Blickwinkel/Alamy Stock Photo; 154 BL: Sundraw Photography/Shutterstock; 154 BR: B.O'Kane/Alamy Stock Photo; 154 CR: Cultura Creative/Alamy Stock Photo; 155 BL: Topnatthapon/Shutterstock; 155 BR: A454/iStock/Getty Images; 155 CL: Pakhnyushchy/Shutterstock; 155 CR: Viewin/Shutterstock; 155 TL: B.O'Kane/Alamy Stock Photo; 156: National Geographic Creative/Alamy Stock Photo; 158 Bkgrd: Dmitry Pichugin/Shutterstock; 158 BR: Adriana Margarita Larios Arellano/Shutterstock; 158 BR: Kamenetskiy Konstantin/Shutterstock; 158 CL: Marevision/Getty Images; 158 CR: KAMONRAT/Shutterstock; 158 TC: Aksenova Natalya/Shutterstock; 159: B.O'Kane/Alamy Stock Photo; 160 B: Alexey Stiop/Alamy Stock Photo; 160 TR: Fox_krol/Shutterstock; 161 Bkgrd: BasieB/Getty Images; 161 TL: B.O'Kane/Alamy Stock Photo; 162: 3dfoto/Shutterstock; 164: Imgorthand/Getty Images; 166: Eric Audras/Getty Images; 167 BC: B.O'Kane/Alamy Stock Photo; 167 TR: FamVeld/Shutterstock; 168 B: Francesco Scatena/Shutterstock; 168 C: Barrett & MacKay/Getty Images; 168 TL: B.O'Kane/Alamy Stock Photo; 169 Bkgrd: Uwe Bergwitz/Shutterstock; 169 CR: Wayne G. Lawler/Science Source; 169 TR: B.G. Thomson/Science Source; 172 BC: Monkey Business Images/Shutterstock; 172 BL: 2p2play/Shutterstock; 172 BR: Leungchopan/Shutterstock; 173 Bkgrd: Johnny Johnson/Getty Images; 173 CR: ImageBROKER/Alamy Stock Photo; 174 BCR: Lisad1724/iStock/Getty Images; 174 BR: Matt Jeppson./Shutterstock; 174 TCR: Anthony Lister/123RF; 174 TR: Wildscotphotos/Alamy Stock Photo; 175 B: Robert HENNO/Alamy Stock Photo; 175 BR: B.O'Kane/Alamy Stock Photo; 175 T: All Canada Photos/Alamy Stock Photo; 176 BL: Andrew Waugh/Alamy Stock Photo; 176 C: B.O'Kane/Alamy Stock Photo; 177: AlasdairJames/iStock/Getty Images; 178 Bkgrd: Sevenke/Shutterstock; 178 BR: B.O'Kane/Alamy Stock Photo; 178 C: Adriana Margarita Larios Arellano/Shutterstock; 178 CL: Ivonne Wierink/Shutterstock; 178 CR: Steve Bylan/Shutterstock; 179 Bkgrd: Aurora Photos/Alamy Stock Photo; 179 TR: WAYHOME studio/Shutterstock; 180: Mashabuba/Getty Images; 181 BC: Malgorzata Slusarczyk/123RF; 181 BL: Golfx/Shutterstock; 181 BR: Karen Winton/Shutterstock; 184: Chaistock/Shutterstock

Tema 6

186: Andrew JK Tan/Getty Images; 188 BR: Ahturner/Shutterstock; 188 CR: Tom Uhlman/Alamy Stock Photo; 188 TR: Franckreporter/Getty Images; 190: Abramova Elena/Shutterstock; 191: Alexandra Giese/Shutterstock; 192: Robert Bohrer/Shutterstock; 193: Pixeljoy/Shutterstock; 194 BR: Anthony Ricci/Shutterstock; 194 CR: Stone Nature Photography/Alamy Stock Photo; 194 TR: Kevin E. Beasley/Shutterstock; 195 B: Betty4240/iStock/Getty Images; 195 TR: Erik Mandre/Shutterstock; 196 B: Brandon Rosenblum/Getty Images; 196 BR: Franckreporter/Getty Images; 196 TR: Luke Wait/Shutterstock; 197 Bkgrd: William Silver/Shutterstock; 197 TL: Franckreporter/Getty Images; 200 BC: Franckreporter/Getty Images; 200 Bkgrd: Salajean/Shutterstock; 201 Bkgrd: Design Pics Inc/Alamy Stock Photo; 201 CR: Brandon Rosenblum/Getty Images; 201 TR: Auscape/UIG/Getty Images; 202 B: Kaichankava Larysa/Shutterstock; 202 TR: Non15/Shutterstock; 203 B: S.Z./Shutterstock; 203 TL: Franckreporter/Getty Images; 203 TR: FloridaStock/Shutterstock; 204: Mint Images/Michael Hanson/Getty Images; 205: Noam Armonn/Shutterstock; 206 Bkgrd: George Rath Jr./Shutterstock; 206 CL: Elena Elisseeva/Shutterstock; 206 CR: Smereka/Shutterstock; 206 TR: Dmitry Kalinovsky/Shutterstock; 207 B: Ivan Sabo/Shutterstock; 207 BR: Franckreporter/Getty Images; 207 TR: David W. Leindecker/Shutterstock; 208 BR: 2009fotofriends/Shutterstock; 208 TC: Franckreporter/Getty Images; 210: JBryson/iStock/Getty Images; 212 BC: Franckreporter/Getty Images; 212 Bkgrd: Lamyai/Shutterstock; 212 TR: Extradeda/Shutterstock; 213 B: ZQFotography/Shutterstock; 213 CR: Huguette Roe/Shutterstock; 214 B: Tony Freeman/Photo Edit; 214 TR: JaySi/Shutterstock; 215 BR: Fuse/Corbis/Getty Images; 215 CR: Adriaticfoto/Shutterstock; 215 TR: Sam BloombergRissman/Eddy Joaquim/Getty Images; 216 BL: ATJA/Shutterstock; 216 BR: R A Kearton/Getty Images; 216 CR: Graham Taylor Photography/Shutterstock; 216 TR: Franckreporter/Getty Images; 218: Sashk0/Shutterstock; 219 BR: Grynold/Shutterstock; 219 CR: Andrii Gorulko/Shutterstock; 219 TCR: Kotema/Shutterstock; 219 TR: SeDmi/Shutterstock; 220 Bkgrd: Gerald A. DeBoer/Shutterstock; 220 C: Franckreporter/Getty Images; 221 Bkgrd: John Lund/Sam Diephuis/Getty Images; 221 TR: Blend Images/Alamy Stock Photo; 222 BR: Dmodlin01/Shutterstock; 222 T: Betty4240/iStock/Getty Images; 224 CL: Teresa Stauffer/EyeEm/Getty Images; 224 CR: Irina Mos/Shutterstock; 226: Pan Xunbin/Shutterstock

End Matter

PF0: Wavebreakmedia/Shutterstock; PF1: Richard Griffin/Shutterstock; PF2: Quang Ho/Shutterstock; PF3: Mark Edward Atkinson/Tracey Lee/Blend Images/Getty Images; PF4 BCR: Studiomode/Alamy Stock Photo; PF4 BR: Pincarel/Shutterstock; PF4 TCR: Blueringmedia/123RF; PF4 TR: Khongtham/Shutterstock; PF5: Hero Images/Getty Images; PF6 CR: Irena Ardely/123RF; PF6 TR: Epic22/123RF; PF7: Sugrit Jiranarak/Shutterstock; PF8: Image Source Plus/Alamy Stock Photo; PF9: Rawpixel/Shutterstock; PF10: Eggeegg/Shutterstock

Mis notas y diseños

Dibuja, escribe, crea